"中国劳模"系列丛书

盐碱滩上的石油工匠

冯萌萌

李庭萱◎著

吉林出版集团股份有限公司

全国百佳图书出版单位

图书在版编目（ＣＩＰ）数据

盐碱滩上的石油工匠：冯萌萌 / 李庭萱著. -- 长春：吉林出版集团股份有限公司，2024.9
（"中国劳模"系列丛书 / 徐强主编）
ISBN 978-7-5731-5103-2

Ⅰ.①盐… Ⅱ.①李… Ⅲ.①冯萌萌－传记 Ⅳ.①K826.16

中国国家版本馆CIP数据核字(2024)第109652号

YAN JIAN TAN SHANG DE SHIYOU GONGJIANG：FENG MENGMENG

盐碱滩上的石油工匠：冯萌萌

出 版 人	于　强	
主　　编	徐　强	
著　　者	李庭萱	
组稿统筹	东北师范大学文学院创意写作研究中心	
责任编辑	杨亚仙	
装帧设计	刘美丽	

出　　版　吉林出版集团股份有限公司
发　　行　吉林出版集团社科图书有限公司
地　　址　吉林省长春市南关区福祉大路5788号　邮编：130118
印　　刷　唐山富达印务有限公司
电　　话　0431-81629711（总编办）
抖 音 号　吉林出版集团社科图书有限公司　37009026326

开　　本　710 mm×1000 mm　1 / 16
印　　张　9
字　　数　85 千字
版　　次　2024 年 9 月第 1 版
印　　次　2024 年 9 月第 1 次印刷

书　　号　ISBN 978-7-5731-5103-2
定　　价　55.00 元

如有印装质量问题，请与市场营销中心联系调换。0431-81629729

序 言

劳动创造财富，劳动创造幸福，劳动创造未来。习近平总书记在2020年全国劳动模范和先进工作者表彰大会上的讲话中指出："全社会要崇尚劳动、见贤思齐，加大对劳动模范和先进工作者的宣传力度，讲好劳模故事、讲好劳动故事、讲好工匠故事，弘扬劳动最光荣、劳动最崇高、劳动最伟大、劳动最美丽的社会风尚。"当今世界，综合国力的竞争归根到底是科技人才和高素质劳动者的竞争。改革开放以来，我们强大的工人队伍用辛勤的劳动和拼搏奉献的精神推动中国制造、中国智造、中国创造走向世界的前列，新时代的中国面貌日新月异。大力弘扬劳模精神、劳动精神、工匠精神，加强高素质技能人才队伍建设，打造一支宏大的知识型、技能型、创新型劳动者队伍，是伟大时代赋予我们的历史责任。

劳动模范是民族的精英、人民的楷模，是共和国的功臣。自改革开放以来，广大职工勇立改革潮头，独立自主，奋发图强，勇于创新，其中涌现出一批批全国劳模和大国工匠。他们参与建设了代表中国高度、中国速度、中国深度的一系列重大工程，提升了国家实力，打造了"中国名片"，树立了"中国品牌"，增添了"中国力量"，充分释放出工人阶级的创新活力，展示出大国工匠的强大创造力。他们以工人阶级的满腔热忱在各自平凡的工作岗位上取得了辉煌的成绩，书写了新时代的壮丽篇章。

爱岗敬业、争创一流、艰苦奋斗、勇于创新、淡泊名利、甘于奉献的劳模精神，崇尚劳动、热爱劳动、辛勤劳动、诚实劳动的劳动精神和执着专注、精益求精、一丝不苟、追求卓越的工匠精神，是广大劳动群众在社会生产实践中锤炼形成的弥足珍贵的精神财富，是工人阶级伟大品格的具体体现，是民族精神和时代精神的生动诠释。民族复兴需要劳动模范，祖国强盛需要大国工匠，中国制造、中国智造、中国创造更需要大国工匠的强有力支撑。劳模、工匠等的成长故事、先进事迹中承载的劳模精神、劳动精神和工匠精神，是激励全国各族人民团结奋斗、勇往直前的强大精神力量。

"中国劳模"系列丛书，采用图文结合的方式，讲述全国劳模、大国工匠和先进工作者们的成长经历及他们追梦、筑梦、圆梦的故事，用他们在平凡岗位上创造不平凡业绩的真实故事感染读者，推动形成劳动最光荣、劳动最崇高、劳动最伟大、劳动最美丽的社会风尚，引导广大技术工人和青少年形成劳动光荣、技能宝贵、创造伟大的观念。

"匠心筑梦，强国有我。"新时代是一个万象更新、生机勃勃的时代，也是一个继往开来、创新创业和建功立业的大时代。希望广大读者能以劳动模范为榜样，以大国工匠为楷模，立志技能报国、技术强国，踔厉奋发，勇毅前行，锤炼思想品格，汲取劳动智慧，勇于担当、勤于钻研、甘于奉献，为推进新型工业化和乡村振兴，为加快建设制造强国、质量强国、航天强国、交通强国、网络强国、数字中国、农业强国，全面建设社会主义现代化国家贡献青春力量。

中华全国总工会副主席（兼）

中国航天科技集团有限公司第一研究院

211厂14车间高凤林班组组长

2022年11月

扫码解锁

◉群英颂歌◉巾帼风采
◉匠心传承◉奋斗底色

冯萌萌，女，汉族，生于1982年7月，中共党员。中国石油大港油田第二采油厂第二采油作业区采注运维二组副组长，采油工高级技师，集输工技师，中国石油集团公司技能专家。

2006年，为便于照顾父母，冯萌萌辞掉了销售经理的工作，成为大港油田第二采油厂一名普通的石油女工。2007年年底，被评为采油厂先进工作者。在6年时间里，冯萌萌实现了两次身份转变，从普通石油工人成长为采油、集输"双料"技师，中国石油集团公司技能专家。

作为新一代"油门女将"，冯萌萌始终坚守在一线，平均每年巡井12000余次，总结管理成果10余项，主动参与稠油开发研究，探索开展"CO_2+"稠油开采新技术，累计增油7万余吨，在老油田开发道路上永做攻坚克难的铿锵玫瑰。作为上井扛设备、下井改工艺的拿油能手，她以劳模创新工作室和技师协会为平台，推广应用创新成果1800余井次，获得国家专利38项，累计创效2100余万元，成为技能创新、技术攻关领域的领军人。

2018年，冯萌萌获得全国五一劳动奖章，2020年获得中国青年五四奖章，被评为天津市劳动模范。2023年，当选中国工会第十八次全国代表大会代表。

目 录

第一章　童年记忆

扫码解锁

◎群英颂歌◎巾帼风采
◎匠心传承◎奋斗底色

盐碱地变油田

1964年的早春，天津东南部还是一片寂寥，阳光透过云层，洒在迎春花嫩黄的枝丫上，混杂着沙粒的盐碱地，此时还吐着寒气。一群热火朝天的人打破了这里的沉静，他们穿着棉衣，头戴棉帽，誓要挖出这片土地下的生机与活力。他们是7700余名参加过大庆会战的石油工人，遵照党中央、国务院的命令，为验证李四光同志对于环渤海湾地区有广阔油田的预测，披着松辽会战的风尘，挥戈南征，奏响了渤海湾石油勘探开发的序曲。

当时我国受到了"贫油论"的影响，对开采石油没有信心，对这一问题也展开了激烈的讨论：是自己开采？还是走炼油加工的路子？

在这个时候，李四光站了出来，他认为我国油气资源蕴藏十分丰富，现在需要做的就是在全国范围内大力开展勘察工作，找到几个希望大、面积广的可能含油区。

李四光从石油生成的条件入手，讲述了自己认为中国有油田的理由。李四光指出，石油的形成需要一个很长的过程，也需要一个深度合适的区域，同时需要适宜的气候条件。

在这样的情况下，可以通过岩层中的化石，看出岩层中所含有机物的数量和沉积的情况。李四光认为，想要搞清楚流质在岩层中的运动方向，就需要研究各种地质构造中岩石颗粒的排列方向。经过一段时间的考察和勘探，李四光列出了可能形成石油的地区名单。首先是柴达木盆地、四川盆地西部、西藏高原北部等地皱褶不过于强烈的地区。其次是鄂尔多斯地区、阿宁台地区、东北平原与华北平原。

1958年2月27日，时任国务院副总理的邓小平同志听取了石油工业部的工作汇报。

1958年3月6日，根据邓小平同志的指示，石油工业部迅速成立了东北、华北、鄂尔多斯、贵州4个石油勘探处。

1958年5月27日，组建松辽、华北石油勘探局。

1959年9月26日，松基三井喜喷工业油流，标志着东北松

⊙ 图为大港油田老照片

辽平原上发现了一个世界级的大油田——大庆油田。

1963年12月，在黄骅发现了工业油流。据此，石油工业部决定组织华北石油会战。

1964年1月25日，党中央批转石油工业部党组《关于组织华北石油勘探会战的报告》，同意组织华北石油勘探会战，并指出这是继松辽油田大会战之后的又一次重要会战。

石油工人奋战了10余月，终于在1964年12月20日迎来回报。当钻头进入老第三系沙河街组三段上部约2526米时，港5井发生强烈的井喷。眨眼间，蛰居地下久矣的"油龙"，挣脱了亿万年的束缚，呼啸着冲出井口，直指天空。它成为大港油区的第一口出油井，同时也成了华北地区古生界第一口出油井。此后，又打了许多探井，均获高产油流，因此决定建立油田。因港5井地处北大港构造带，大港油田因此得名。

经过几代人的艰苦创业，昔日的盐碱滩上一座座建筑拔地而起，一扫当年的荒颓之景，油田上的钢铁机械动起来了，能遮风挡雨的楼房也建起来了。油田哺育了跨越千里来此定居的人们，生产设施与生活文化设施也随着油田的开采逐渐完备。如今大港油田囊括了多个领域，包括陆地、滩海和极浅海，探区内油藏类型极为丰富，主要特征为多套生油层系含油组合，是一个油气生成量和聚气量十分丰富的大型复式含油气区，在已勘探开发范围内有2700平方千米的滩海区域，有着广阔的发展前景。2023年3月，大港油田沧东凹陷5号平台正式投入生产。平台之中有9口页岩油井，日产稳定在280吨左右，形成了10万吨的年生产能力。这标志着我国首个10万吨级陆相页岩油效益开发示范平台在大港油田正式建成投产。

父母是榜样

1982年7月3日，在父母与姐姐的期盼下，冯萌萌出生了。"就叫萌萌吧！冯萌萌。"萌字象征万物生长，这个生在新中国，长在红旗下的幸福"80后"，正如盐碱地上萌发出的新芽。冯萌萌想，这正是父母对她美好未来的期盼。

冯萌萌自强好学的性格深受父母影响，母亲苏秀文就是这片土地开拓者中的一员。20世纪60年代，苏秀文作为天津知青被分配到大港油田。那是一个特别艰苦的年代，物资极其匮乏，面对一片白花花的盐碱滩，工人只能睡在临时搭建的帐篷中，吃的是干馒头，唯一的蔬菜是大蒜，渴了就从水洼里面撇点水喝。工人们的工作就是抬大筐，用一筐一筐的土把这片广阔的盐碱滩一点一点地垫平。一筐土重达50多公斤，两个人抬，为了尽快填平盐碱地，工人们筐里的土都是满满的，而苏秀文筐里的土不光要满，还要冒出尖来，必须到再多一捧就要掉下去的程度才会抬起筐走人。正因这样的工作态度，苏秀文成为第一批转正的工人。这样的精神不光带动了她的工友，也对冯萌萌的成长起到了不可磨灭的模范作用。

冯萌萌对父母的工作认知完全来源于他们对于工作的理解。没来单位上班之前，冯萌萌并不了解大港油田究竟承载着什么样的责任，她只知道父母特别热爱自己的职业，热爱单位，热爱自己的工作。作为第一批转正的知青，苏秀文进炼油厂不久就因为工作需要被调到南矿（现在的第二采油厂，冯萌萌的工作单位），并且从一名采油工成长为采油队队长，是全厂唯一的女队长。她管着五六十人，一百多口井，后来因为扎实的技术水平和丰富的管理经验，被调到培训学校任校长，负责采油厂技术工人的培训工作。

苏秀文刚分来的时候是在南一站当化验工，后来因工作出色被调到采油队，到采油队后先整理资料，随后成为采油工，再后来当上了队长。苏秀文的师父是从大庆来的，对于工作有较真儿的精神和一根筋的严谨劲儿，审查数表时要精确到小数点后两位，抄报表有0.01的差距，师傅都要说："为什么会差出0.01？就是你没有看上下游，没有注意液量有什么变化呀！"在他看来，数值虽小，然而许多大事是由一件件小事组成的，0.01积攒多了就会有大影响。

一点儿也不能差，要按照规范做事。苏秀文承袭了这一优良品格，工作极其认真。苏秀文上的是夜班，上一天歇三天，夜晚油井不工作，事情相对较少，主要是防控突发事件。但苏秀文上夜班的态度和上日班一样，别人有的时候两个小时巡检一次，中间的时间可以趴在工作间的桌子上休息一会儿，苏秀文从来没有过。她总是认认真真地巡检，一台设备一台设备地看，回来立刻填写报表。有一次，领导来查岗，看到报表填写得非常整齐，又询问了岗位生产责任制的条目，九条条目每条一百多个字，苏秀文就像背课文一样，一字不差地都背下来了。每每队上开大会，领导都会特意表扬苏秀文，并亲切地称她为"小苏同志"！

冯萌萌每每回忆起妈妈，心里就充满屹立不倒的信念。

冯萌萌的父亲是采油厂先进标兵，冯萌萌的家里现在还保留着一张他戴着大红花接受表彰的照片。最初，冯萌萌的父亲文化程度只有小学水平，但他深知一个道理：可以没有文凭，但不能没有知识。于是，在当兵时期，冯萌萌的父亲开始利用休息时间自学，但所学有限，转业后，还是有好多字不认识。社会是个"大学堂"，参加工作后冯萌萌的父亲也没放弃学习，一边跟着老师傅学习采油技能，一边认字。冯萌萌的父亲好学，采油、电工、木工，只要有人愿意教，他便虚心学习。等别人讲完后，他就自己看书。看的书多了，他发现自己在电路方面很有学习天赋，有些知识师傅讲一遍他就能领悟要点，师傅还未讲的部分，自己捣鼓一会儿就学会了。平时在家里休息时，他也喜欢捣鼓电路方面的东西。家里的电线也是他接的。以前的电器线路不灵敏，总出故障，每每这时，冯萌萌的父亲像个魔术师一样，三两下就让电灯重新亮起来，电视恢复正常。在冯萌萌眼里，没有什么电路问题能难倒父亲。

冯萌萌的父亲在20世纪90年代通过了八级电工考试，这比现在考高级技师要难得多。

大港油田沿海，季反气候，雨多风大，七八月的雨卷着风袭来，家里就容易停电，冯萌萌和姐姐特别害怕。每次灯灭，父亲就走到窗边观察小区内的情况，确定是大停电后，会立刻穿上浅灰色的工作服往外跑。大雨拍打在窗户上砸得玻璃噼里啪啦直响，冯萌萌哭闹着不让他去，父亲安慰她说，只有他去了，送上电，才能让更多的孩子们不怕黑。雨幕中，父亲的身影只剩下背后细细的反光条，就像披了一层白光一样，越跑越快，身影越来越小，直到半夜才回来。提起工作，父亲总有说不完的话，眼睛里闪着光亮，长大后，冯萌萌才知道，这光叫热爱。

大港油田有六个采油厂，其中二厂、六厂是原先的南矿地区，原先南矿地区的所有电路问题都要找冯萌萌的父亲，他也被称为"电路大拿"，只要是电路问题都可以请教他。当时为了提高生产效率，厂里给队里配了一辆自行车，这唯一的自行车便是给冯萌萌的父亲骑的，因为他解决问题的速度最快，电路的疑难杂症需要他来处理。

冯萌萌总听父母说，石油工人不能忘记"三老四严"——三老指对待革命事业，要当老实人，说老实话，办老实事；"四严"指干革命工作，要有严格的要求，严密的组织，严肃的态度，严明的纪律。冯萌萌的父母也身体力行地践行着。

因为父母工作忙，每到寒暑假，冯萌萌和姐姐就没人管了，被锁在家里看电视，只能苦哈哈地等着父母回来。后来，到了90年代，家里安了电话，每次电话响起，母亲都会抱歉地说要加班，晚点儿回来，冯萌萌和姐姐就一直等到天黑。

母亲对冯萌萌姐俩特别宽容，姐妹俩的零花钱在同龄的孩子里总是最多的，兜里揣着满满当当的硬币，跑起来，哗啦哗啦直响，玩伴们羡慕极了。冯萌萌记得小时候二厂刚刚有卖冰棍儿的，载着冰棍儿的三轮车开得稳稳当当，卖冰棍儿的爷爷总是在孩子多的地方，配着自己编的打油诗转圈吆喝。冯萌萌和姐姐觉得新鲜极了，一人一根吃得不过瘾，索性回家取了保温壶，拿出自己大半"家底"，买了十几根。姐妹二人轮番提着保温壶，一蹦一跳地回家了。母亲知道了也没批评孩子乱花钱，只嘱咐不能一天都吃了，不然会肚子疼。

冯萌萌对初中时的写一篇作文印象深刻，作文题目是《我的妈妈》。在作文中，冯萌萌讲述了母亲的故事，在那么艰苦的条件下，他们是怎么工作的，怎么把这个油田一点点建起来。又讲到妈妈给自己讲模范的故事，像"铁人王进喜跳泥浆""三老四严"精神永不忘等。那篇作文在天津市得了一等奖。学校开表彰大会，让冯萌萌站在讲台上与全校同学分享，那时的冯萌萌不爱说话，在老师的催促下，她磕磕巴巴地读起了作文。腼腆的她把头埋得几乎贴在卷子上，作文读完后，圆圆的小脸涨得通红。冯萌萌对在这么多人面前夸耀自己的妈妈，感到不好意思。但那时的同学们都是石油子弟，对于冯萌萌母亲的这种精神深深地敬佩，演讲完毕，台下响起热烈的掌声。台上的冯萌萌虽然读得磕磕巴巴，但心里十分自豪，她为自己有这样的母亲而自豪，她对母亲的一些埋怨也随之烟消云散。

冯萌萌的母亲平时非常忙碌，做饭都是怎么简单怎么来，他们家吃得最多的就是炒菜，大火热油，三四分钟就能炒好一盘。当然更多时候，冯萌萌和姐姐会拿着母亲留下的钱出门买吃的。冯萌萌虽然理解母亲，但毕竟也是个需要爸爸妈妈照顾的小孩啊，所以有时候难免委屈。冯萌萌小时候常穿深色的衣服，因为耐脏。朋友们穿的白色的、粉色的裙子她也想穿，但母亲经常一周才能空出一个下午给她和姐姐洗一次衣服。后来，冯萌萌就尝试自己洗，她学着母亲的样子，拿出家里最大的盆倒满水，架好搓衣板，准备一显身手，但她失算了，沾了水的衣服比穿在身上的重了好几倍，泡在水里就提不起来了。冯萌萌一点一点，用最大的力气拧衣服，可拧了半天，衣服提起来还是不断地滴水。母亲回来看见家里一片狼藉，也没忍心责怪，只告诉她，下回放着就好。看着母亲忙了一整天又要拖地，冯萌萌愧疚极了，暗暗下决心，以后不能再给母亲添麻烦了。

母亲走路带风，总是有着干不完的工作。写《我的妈妈》的时候，冯萌萌心中对她的埋怨全都消散了。冯萌萌说将来要向母亲学习，成为一个对祖国有用的人。回家之后，冯萌萌与母亲分享这一喜讯，母亲看着作文和女儿胸前的大红花感到非常骄傲。冯萌萌取下大红花，给母亲戴上，说："这也是属于您的！"母亲把冯萌萌那篇作文夹在了自己最重要的记事本里，这个记事本可以说是她的工作宝典，里面有她记录的石油方面的知识、单位的简讯、石油行业的动态等。冯萌萌跟姐姐的一些成长经历也都记录在那个记事本里，保存了好多年。

在父母的爱护下，冯萌萌和姐姐的童年过得充实又无忧无虑。

⊙ 1986年，幼儿园放学后拍摄，左一为冯萌萌

家家都能用石油

冯萌萌小的时候，妈妈总是早早地就奔向油田，直到窗外漆黑只剩下零星的灯火时，她才拖着疲惫的身体归来。每次妈妈回家后，冯萌萌都紧跟在她身旁，生怕落下一分钟。妈妈也享受着这难得的亲子时光，因为工作太忙，陪伴孩子的时间太少，所以她总是心怀愧疚。

妈妈做饭时，冯萌萌和姐姐像是小尾巴一样贴着她。妈妈让她们站得离锅远些，生怕烫到她们。每当这个时候，冯萌萌和姐姐就听话地站在一边，你一句我一句地与母亲分享她们一天的所见所闻。

冯萌萌是一个特别内向的孩子，不爱说话。在天性爱玩的年纪，冯萌萌只喜欢待在图书馆里面看书，享受自己的小世界。报刊、故事书、纪实文学她都看。

1993年，四年级的冯萌萌认识的字越来越多，从《大港油田日报》里，冯萌萌了解到父母的工作到底是什么样的，有多辛苦、多伟大。原来妈妈爸爸用肩膀，用双手，一捧又一捧地，搬走了埋藏石油的大山。

冯萌萌回到家后，看着母亲坐在凳子上敲着自己的肩头，她三步并作两步地赶上前，搬来小凳子放在母亲的身后，自己站在上面，这样就和坐着的母亲一样高了。

母亲的发根开始白了，冯萌萌想起来自己唱过的童谣"劳动了一天，多么辛苦呀。妈妈妈妈快坐下，请喝一杯茶"。于是，冯萌萌就想帮母亲捶捶肩，她把小手搭在母亲的肩上，攥成拳头，轻轻地敲着母亲的肩头、后背，为母亲按摩，帮母亲舒缓疲倦。

母亲闭着眼跟冯萌萌拉起了家常："萌萌，妈给你烧了热水，就快好了，你记得多喝水。"冯萌萌听着母亲的话，向灶台看过去，金属框镶嵌的玻璃窗上有一层水壶吐出的雾气，越靠近底部细碎的水珠排列得越密集，挤在一起，好像下着一场闷热的大雨，灶台里的火焰烘烤着这一切。略有磨损的水壶发出咕嘟咕嘟的声音，那正是内部的热水在争先恐后地翻滚，这样的声音让她联想到今天在画报上看到的亮黑色的石油泡泡。

"石油也是这样冒出来的吗？"

冯萌萌好奇地问："妈妈，石油也会像开水一样冒泡泡吗？"

"石油的泡泡可比开水的泡泡大得多，但跟开水一样，妈妈见了，都高兴。"

冯萌萌不解地问为什么，她只明白水开了就能喝了，母亲喜欢看自己多喝水，因为这样可以少生病。那看到石油冒泡泡母亲为什么也高兴呢？她想着那些漆黑的石油有时也会粘在父亲和母亲的衣服上、手套上，也正是这些石油让父母忙碌，甚至不眠不休。

母亲回答道："正是有这些黑泡泡源源不断地冒出来，才证明地下埋藏了许多石油呀，这些泡泡指引着我们找到宝藏。"母亲给冯萌萌讲先辈们的经历，他们是怎么找到了大港油田，怎么建起这片养育她的土地，又讲石油有什么作用："你看，用来烧热水的液化气就是从石油里提炼出来的。不仅生活中需要石油，国家建设也需要石油呀。我们找到的越多，我们的祖国就越强大，我们的生活就越好。"

听了母亲的讲解，冯萌萌明白了石油对生活有多重要，也深感石油工人的不易。自这时起，冯萌萌就暗下决心，要报考教石油知识的大学，长大了当一名地质学家，找到很多的石油，让国家富得流油，越来越强大！

冯萌萌和姐姐

冯萌萌的父母在年轻时全心全意地投入油田的建设中，看到一座座油机拔地而起，坑洼的盐碱地被填平，大港油田终于开始稳定产出时，二人才放下心来，开始建设自己的小家。所以，直到冯萌萌的母亲36岁那年才迎来他们的第一个孩子——冯萌萌的姐姐。又过了一年，冯萌萌出生了。

由于是第一个孩子，冯萌萌的姐姐出生前后父母不时还要在油田上奔波，导致冯萌萌姐姐的身体状况不佳，出生证上记录的体重只有三斤多。作为父母，他们自然而然地把更多的精力和时间倾注在姐姐身上，确保她得到足够的关爱和照顾，这在冯萌萌的心中留下了深刻的印象。从小姐姐更依赖父母，而冯萌萌更独立些。

在冯萌萌的记忆中，姐姐小时候是个瘦小、体弱多病的孩子。由于姐姐的身体状况差，经常需要请假在家休息，而冯萌萌则时常代替姐姐去学校拿回作业。日复一日，姐姐的同学也和这个小妹妹熟络起来。放学后他们会告诉冯萌萌当天老师讲解了哪些内容，并提醒她需要关注书上的哪些例题来完成作业。冯萌萌非常感激他们的帮助，并抓住这个机会向他们请教。

有时候，姐姐因为病情严重无法完成作业，害怕上学时被老师责怪，冯萌萌就会默默地帮助姐姐完成作业。她仔细看书上的例题，尝试套用公式进行解答。第二天作业发下来后，她就会检查哪里做错了，不断修正自己的错误。通过这种方式，她的学习进度比其他同学都要快一些。

冯萌萌继承了父亲的钻研精神，在学习上更倾向于自己琢磨和研究。她利用休息时间在家里看画报或者去图书馆阅读各种书籍，逐渐养成了独立自强的性格。从小学起，她的成绩在班级一直名列前茅。

多年后，当冯萌萌回到老家时，她在一本小学生手册中发现了自己优异的学习成绩记录。手册上显示，她在六年级时的最低分是98分，大部分成绩都是满分。这份记录不仅是她过去的表现的见证，也成了她鼓励儿子的珍贵物品。每当儿子遇到挫折或丧失信心时，冯萌萌总会拿出这本手册，用自己的经历与经验激励儿子继续努力，追求进步和成功。

做一个独立的孩子

20世纪80年代末，大港油田建设正如火如荼地进行着，反观其他娱乐设施的建设却并不完善。二厂家属院里不管是过去还是现在都没有什么地方可供孩子玩耍，在一望无际的土地和深藏于地下储量丰富的油龙面前，冯萌萌跟姐姐的童年显得特别单调。

1989年，冯萌萌上小学了，每天和姐姐结伴出行。到了暑假，父母依旧要早出晚归，母亲怕两个孩子在外遇到危险，就把姐妹俩锁在家里。姐妹二人假期只能对着四周的墙壁写作业，写完作业一起看电视，然后守在窗边等父母回家，不能出门的二人也没有其他的爱好。

冯萌萌家里是闭路电视，有的时候电视节目不转播了，只有黑白色的雪花屏。母亲为了丰富孩子们的精神世界，就给姐妹俩订画报。冯萌萌特别喜欢看儿童画报，那是童年里唯一能够了解外面世界的东西了。每个月冯萌萌都期待着送报员叔叔将五颜六色的画报投在家门口暗绿色邮桶里，现在她还能想起来那些画报的名字，如《幼儿画报》《童年世界》，还有数不胜数、记不清名字的故事书。冯萌萌非常喜欢这些，她爱看书的习惯就是在这个时候养成的。

后来，冯萌萌认的字越来越多了，二厂也建起了图书馆。1992年，冯萌萌上四年级，到了暑假，母亲也不再把姐妹俩锁在屋子里，而是把家中的钥匙交给姐妹俩。冯萌萌开始独自探索这片抚养她长大的土地了。

冯萌萌最喜欢的地方就是二厂图书馆，在图书馆里一待就是一整天。姐姐不爱看书，便去找小伙伴玩。

一次暑假，姐妹俩在外面跟同学一起跳皮筋，跳了一整个下午，玩得筋疲力尽，告别了小伙伴，疲倦一下子涌了上来。两姐妹觉得渴极了，在家里找了一圈，水都喝完了，父母在加

⊙ 1995年，冯萌萌小学毕业留念

班，去单位找他们？姐妹俩只知道父母的单位离得很远，她们不认识路。母亲不让她们动火烧水，那时候是使用液化气罐，比较危险。不能动火，从盐碱地下引上来的生水又咸又苦，没法直接喝。

两姐妹商量了一会儿想到了个办法——赚钱，然后去超市买饮料喝。那时一瓶饮料要一毛五，一个空瓶能卖一分钱，可以把瓶子送到当时二厂的南门回收站去卖。冯萌萌数学好，算出两人只要捡15个瓶子就够了，两姐妹一拍即合，立刻跑出家门。

姐妹俩分工明确，一个去北边，一个去南边，满小区捡。捡15个瓶子说起来容易，可二人找了几圈连酒瓶都算上也只凑了8个。当时没有塑料袋，两人一个用手捧着，一个拿衣服兜着，跌跌撞撞一路运到二厂南大门去卖。回收废品的老人看两个小孩因暑热脸颊红彤彤的，满头大汗，实在可怜。原本一个瓶子一分钱，8个瓶子老人给了她们一毛钱。冯萌萌一看不够，就立刻拉起姐姐说："我们还得再捡点儿。"老爷爷问两个小孩捡那么多瓶子要做什么，冯萌萌把事情经过一讲，老人了然，又从腰前的包里掏出五分钱，说："这就当是对你们的奖励吧！"冯萌萌姐妹俩欢呼雀跃地拿着钱去买饮料了，那天的饮料特别甜，是辛勤劳动的味道。冯萌萌说："我从小就学会了自力更生，长大后和姐姐聊天，想起这件事情还会互相打趣。现在想来，当时实在幼稚，竟然都没想到去邻居家敲门要水喝。"

第二章 奋斗岁月

扫码解锁

◎群英颂歌◎巾帼风采
◎匠心传承◎奋斗底色

在求学中探索人生方向

冯萌萌的小学和初中都是在第二采油厂子弟小学上的，这个小学后来改名为港骅学校。冯萌萌的成绩一直很好，初中毕业那年考了580多分，当时这个成绩虽然上不了实验中学，但是上一中没有问题。冯萌萌父母看着孩子的优异成绩十分欣喜，填报志愿是大事情，父母考察了大港各个中学的情况，发现一个不可忽视的问题，那就是高中对学生的德智体美劳各项都有要求，其他方面他们不担心，可唯独体育让父母陷入了忧虑。冯萌萌小的时候得过一次阑尾炎，动过手术，自此便不怎么运动了。冯萌萌平时的运动量非常小，也不爱走动。父母商量了许久，最后对她说："还是上中专吧，也能尽早学你最感兴趣的专业！"就这样，冯萌萌报考了大港石油学校。

冯萌萌是以大港石油学校1998年那届最高分成绩入学的，

她脑海中不断映出爸爸妈妈工作的身影——为了原油产量争分夺秒地干活。冯萌萌暗下决心，要多找一些原油，这样石油工人们的工作就不会这么辛苦了。冯萌萌又想起了小时候的愿望，要让家家户户都能用上石油，让国家富得流油！怀着这样的想法，冯萌萌选择了梦寐以求的地质专业。

在学校里，因为对专业的喜爱，冯萌萌的各科成绩都名列前茅，很快就成为班里的学习委员，进入校学生会学习部。冯萌萌最喜欢的课程是构造地质学，这门课程为她打开了一个全新世界的大门，把一个数千米以下的地层世界展现在她的眼前。看不见摸不到的油藏活灵活现地在她面前展开，生、储、盖、运、圈的运移过程生动而具体。课堂上的理论传授与室内实验、野外实习等实践性教学相配合，使冯萌萌学会了一般地质图、编图、识别与解释构造现象及文字叙述，这为她将来从事油气勘探工作打下了基础。

在岩石矿物学这门课程中，冯萌萌最喜欢观察矿物标本，埋藏在地下几万年的古生物经过浸化、积压，以化石的面貌出现在人们眼前，让她感觉很神奇。在变质岩中有一类岩石叫石英岩，它是经过区域变质作用，重结晶而形成的，也可能是在

⊙ 1998年，冯萌萌（第三排左二）初中毕业照

岩浆附近的硅质岩石经过热接触变质作用而形成的，在显微镜下可以看到它缤纷华丽而又独特的颜色及纹理；岩浆岩中的玄武岩，是火山喷发出的岩浆冷却后凝固而成的一种致密状或泡沫状结构的岩石，它是地球洋壳和月球月海的最主要组成物质，也是地球陆壳和月球月陆的重要组成物质，它孔隙粗大，质地坚硬，用途广泛。

而石油行业的技术工作者，要在大量的数据中抽丝剥茧，从看似毫无关联的数据中找到彼此的联系，定性与定量地描述三维空间中的油气藏类型、外部几何形状、规模大小、油藏内部结构、储层参数变化和流体性质及分布等，揭示油气在三维空间中的分布与变化规律。

石油地质干的是勘探的活，经过四年的学习，冯萌萌见识到了油田的地下世界。这个时候，她发现自己原来是井底之蛙，没有上高中是一个极为错误的选择，虽然学了自己喜欢的专业，但是要想实现自己的梦想还远远不够。冯萌萌意识到自己需要更深入、更专业的知识，所以一个念头在她的脑海中浮现了——她要参加高考。

2002年，四年的中专生活接近尾声，冯萌萌却对自己不满意起来。在油田出生，在油田长大，在油田求学，冯萌萌忽然渴望到外面的世界去看一看、学一学、走一走。于是，通过当年的春季高考，冯萌萌成功地考入国家示范性高等职业院校——天津电子信息职业技术学院，成为计算机专业的一名专科生。

在班级里，冯萌萌的多项成绩仍然名列前茅，再次担任学习委员，带领着同学一起学习。C语言这一门课让刚接触计算机的同学们苦不堪言。冯萌萌利用休息时间仔细钻研老师所讲的内容，用尽量形象化的方式给没有学会的同学讲解。冯萌萌通过命令展示了满屏的花色图案，让同学们一下子感兴趣起来，学习热情空前高涨。冯萌萌班也因此在整个年级的C语言考试中取得了平均分第一的好成绩。

三年的大学生活转瞬即逝，随着知识储备的不断增加，冯萌萌毕业了。

在外闯荡的两年

冯萌萌对2007年有很复杂的感情，这一年是她人生重要的转折点。

由于冯萌萌只有专科学历，不符合油田招工条件，所以她决定出去闯一闯，看一看，用事实证明自己是有能力的。

大学毕业之后，冯萌萌在塘沽开发区的一家刚起步的软件公司上班，后来又进入一家房地产公司，一直做到第二销售分公司的店长。当一切都有条不紊地进行时，不幸的阴霾笼罩了冯萌萌的家庭。

2007年6月，冯萌萌父亲心脏病发作。那天是星期三，早上与平常无异，就在冯萌萌要出门的时候，接到了母亲的电话，让她尽快回家一趟。冯萌萌知道，一般情况下母亲是不会打扰她工作的，所以一定是要紧事。冯萌萌急匆匆地跑下楼，拦了辆出租车，从塘沽赶回二厂。车上，冯萌萌打电话与店长说明情况，店长爽快地给了她一周的假期，并嘱咐冯萌萌照顾好家人不用着急回来。当时的冯萌萌根本没有想到自己会从此回油田工作。

从塘沽到二厂一路畅通，不到一个小时冯萌萌就到了家。一进门，她就听到母亲焦急的呼喊声，而父亲难受得整个人蜷缩在床上，五官都因痛苦挤在了一起，虽然张大嘴巴呼吸却喘不上气。见此情形，冯萌萌立刻背起父亲去医院看病。大夫初步诊断为心肌梗死，必须赶紧抢救。万幸，冯萌萌父亲身体底子特别好，没有生命危险，但心肌梗死带来的后遗症是不可逆的，随时会有新的危险。大夫告诉冯萌萌，父亲的血管已经堵塞，心脏支架搭不上，想要降低危险，只能开胸做搭桥手术。心脏搭桥是大手术，为了父亲能平安渡过难关，冯萌萌选择带父亲去大医院做手术。父亲在打完针后情况有所缓解，冯萌萌立刻带着他转往天津市总医院。

父亲的手术做得很成功，但毕竟已经60多岁了，心脏搭桥又是大手术，后期恢复起来十分缓慢，加上抢救时为保住生命，肋骨被压断了几根，同样需要漫长的恢复期。医生细心叮嘱，患者以后不能提东西、干重活，身边更是不能离开人了。
这个嘱托让冯萌萌一家犯了难，因为母亲身体也不好，1993年
就办了病退，病退之后身体的状况也没有起色，甚至越发严
重，走不了路，处于半瘫痪的状态，冯萌萌和姐姐陆续离家工
作后，母亲一直由父亲照顾。父亲的骤然倒下让冯萌萌心里实
在难过。虽说冯萌萌还有个姐姐，但当时她远在上海，和男朋
友正处于谈婚论嫁的时候。因此，冯萌萌毫不犹豫地担起了照
顾父母的责任。

做出这个决定后，冯萌萌立即跟总经理申请了辞职。按照
合同约定，如果没有提前一个月申请辞职，属于违约，会被追
究违约责任，要赔不少钱。冯萌萌的单位不但无偿地跟她解除
了合同，还把当月工资全额支付给她。不但没扣钱还发了整月
的工资，冯萌萌已经很知足了，没想到总经理还开车到冯萌萌
父亲的医院，亲手把钱交到冯萌萌的手里，告诉她踏踏实实地
安心照顾老人，家人比什么都重要！就这样，冯萌萌在外闯荡
的生活戛然而止。父亲出院后，为了便于照顾父母，冯萌萌成
了一名临时工。

在二厂的这些年

对于出生在大港油田的冯萌萌来说，这里不仅仅是她工作的地方，更是从小长大的家，冯萌萌对这里的感情格外深厚。细心的朋友曾经总结冯萌萌的特点：每次在外面开完会，冯萌萌的口头禅都是"回大港油田"，从来没有说过"去大港油田"，这一字之差，就是家的含义。

2007年，冯萌萌回到油田上班，为梦想奋斗的齿轮开始转动。从2007年到2013年，6年的时间也许只是一个孩子从稚童成为中学生的变化，抑或漫漫人生中一节微不足道的段落，而对冯萌萌来说，这段岁月却是她职业生涯与理想追求的重要时期。短短6年，她完成了两次身份的转变，并对人生有了重新定义和更远大的目标。

2007年6月，冯萌萌迎着盛夏的烈阳与刚刚毕业的学生一同来到了采油二厂，怀着复杂的心情成为一名临时工。为什么冯萌萌入职和应届生有差别呢？这就要提到大港油田的政策了。在社会主义市场经济的形势下，作为国务院百家现代企业制度试点企业之一和中国石油天然气集团有限公司配套改革局级试点单位，大港油田自1995年开始施行改制，积极推行以石油公司为核心的生产经营体制，对油田文教卫生、生活后勤以及物资供应系统等均实行专业化管理，并进一步深化人事制度改革，完善了社会保险系统。打破干部、工人身份界限，变国家干部为企业职工，在油田范围内全面推行劳动合同制，积极推进聘任制和三岗制，实行"三干法"，优化领导班子及队伍结构，合理配置人才资源，让企业队伍充满活力。对缺员的岗位实行公开招聘，为人才的脱颖而出创造条件，广大职工的改革意识、竞争意识和技术水平得到普遍提高。

回到二厂，冯萌萌是高兴的，因为终于有机会回到这片养育自己的土地，有机会实现小时候的诺言，为自己的家乡尽微薄之力。同时，身份上的差距也令冯萌萌感到无奈，她不是应届毕业生，只能根据厂里的政策以临时工的身份入职，虽然与一同入职的应届生做着同样的工作，奉献着同样的时间，但收

⊙ 冯萌萌的工作照

入微薄。

采油工是油田生产的主体工种，是一线产业工人队伍的重要组成部分，工作环境在远离繁华城市的荒郊野外，工人需要长时间在野外巡回检查，无论平时还是节假日，刮风还是下雨，即便是暴雪极寒天气，岗位上都需要24小时有人值守，时刻观测油井是否正常运行。

采油工的工作对象是油井、水井和各种机泵设备，现场都是大型的设备，例如抽油机。油层自然能量不足，不能自喷时，就需要利用抽油机，借助抽油杆带动抽油泵将原油抽至地面。由于游梁式抽油机结构简单，安全可靠并且维护方便，目前在全世界各油田仍广泛应用。现在的大港油田普遍使用的是12型抽油机，这也就意味着它的悬点载荷有12吨重，所有的抽油机部件都是由采油工指挥吊车一块一块组装起来的，并由采油工进行紧固连接，再时时检测、保养。

采油岗要求工作人员技能娴熟，能够适应工作岗位需要。按照中国石油的分类，采油工技能等级有初级工、中级工、高级工、技师、高级技师、首席技师、企业技能专家、集团技能专家、技能大师九大序列，不同序列对于操作水平、创新能力、攻关能力、解决难题能力等都有不同的要求，级别越高要求越高。

刚入职的新员工，首先要进行岗前培训，因为相较于理论知识的积累，在油田实战时，更需要他们能随机应变，有处理突发问题的能力。

一周的培训结束后，冯萌萌和同事被安排去往当时的采油六队，再接受三天的实地培训，所有的培训结束之后要进行考试。

考试内容是岗位操作知识和安全操作知识，达到90分以上方算合格，才能上岗。成功上岗到各个采油站之后，站长还要进行更仔细更有针对性的培训，再根据站上的情况出一些考题。冯萌萌从小就喜欢看书，背东西不能说过目不忘，至少比身边的同事记得更快一些。她还记得，当时自己抽到的考题是一些生产参数、设备的操作规程等常规问题。为了保证新人上岗不会耽误生产效率，除了试卷考试，站上还要考操作。题目大概是考查新人是否知道怎样循环检查，如何识别一些风险，以及专业性质的切泵导流程等具体的操作。

等到重重考核都通过以后，冯萌萌由老师傅带着，从事注水井巡回检查的工作。这个工作主要是检查注水井的工作状况和配注任务的完成情况，如果水井不能正常运转，达不到配注要求就容易造成地下亏空，导致油井产量下降；如果超出配注要求就容易造成油井被水淹，影响油田开发。巡回检查是注水井日常管理的一项重要工作，是新入职的采油工必须掌握的操作技能。

冯萌萌要跟老师傅学习一个月左右，一方面是给她时间熟悉工作内容，另一方面采油厂有严格的新员工培训制度，必须符合要求才能上岗。学完一个月后，冯萌萌终于能独立上岗了。与冯萌萌一同入职的还有三位工人，四个临时工被分配在了两个站，分别由老师傅带着一步步学习、工作，冯萌萌和另一个临时工被分配到了一个拥有十年工作经验的老师傅的团队中。冯萌萌在二厂的工作岁月正式拉开了序幕！

冯萌萌在外打拼的这些年，习惯了快节奏的生活，陡然回到二厂，做上一歇二的工作，虽然有了充足的时间关注家庭、照顾父母，但一时间还不太适应这种生活。2007年油田的工作条件还不够完善，值班室是板材房，窗子是铁丝网交叉围成的铁窗。夏天，油田上一起风，吹得瓦楞哗哗响；冬天，要用塑

⊙ 2008年12月，冯萌萌在站内校检灭火器

料布把窗子塞紧，清理冻霜。

这一天，恰好由冯萌萌值班，站长要给注水泵更换皮带，这项操作需要先拆卸皮带之外的保护罩，于是站长让她去拿扳手。冯萌萌刚刚上班，还分不清活动扳手、套筒扳手、开口扳手等不同尺寸类型的扳手的区别，也不了解更换皮带保护罩需要使用什么规格的扳手，所以就一样拿了一把，全部抱了过去。站长上上下下，把一大堆各式各样的扳手看了一遍，失望地对冯萌萌说："怎么能一把都没拿对？培训时教的都忘了吗？"随后站长紧急派人再去取工具，来来回回耽误了不少操作时间，还耽误了接下来的巡查工作。

冯萌萌从小就是一个自尊心极强的人，从未受到过这么严厉的批评。一时间羞愧、茫然的情绪涌上心头，现实和理想的落差让她不知所措。冯萌萌从小到大都是一个要强且优秀的人，上学的时候成绩名列前茅，入职考核时90多分的成绩更是不输专业的应届生。她无法接受现在犯错的自己，更接受不了犯的是这么基础的、态度性错误。冯萌萌回到值班室认真反省，回望过去的三个月，她忍不住问自己：这就是你以后的生活吗？这就是你想要的工作状态吗？答案是否定的，不是！绝对不是！

冯萌萌想起了小时候父母对自己的教导，想起了自己最初的梦想——家家户户都能用得上石油！有梦想就会充满希望，茫然过后，冯萌萌想起来曾在书上看到过的一句话，这句话她深深地刻在了自己的脑海中：栽种思想，成就行为；栽种行为，成就习惯；栽种习惯，成就性格；栽种性格，成就命运。

冯萌萌是一个有错必改的人，很快她就调整好情绪，重整旗鼓。"既然发现了问题，那就马上改正。"自此，只要是冯萌萌值班，她都会跟在站长身边仔细观察站长工作时的每个动作，站长干完活之后，会让她留下打扫卫生、收拾工具。站长和同事们都下班以后，催夜班的冯萌萌并不着急把工具收拾起来，而是在旁边的备用泵上模拟操作。站长的每一个工作细节，冯萌萌都会一处不落地"复制"出来，站长先拆哪里，冯萌萌就会先拆哪里；站长拧栓一周，冯萌萌就试着拧栓一周；把用到的工具、拆卸部位的顺序都一一记在心里，逐渐提高自己的操作水平。就这样日拱一卒，冯萌萌用了整整一年的时间，把操作流程牢记于心，自此，站长终于放心地把工作交给这个认真的女孩了。

冯萌萌再次走进二厂沉重的大门时，原本空旷的大地好像变得肃穆起来，抽油机的一下下点头也变得更加庄严了。国家的建设发展不能没有石油啊，那是黑色的黄金，流淌的能源，是燃料、化工、医药产品甚至日用品的重要原料，也许还是下一种新材料的核心原料。冯萌萌意识到，作为青年一代石油人，当他们穿上这身火红的工服时，责任就已经重重地落在了肩膀上，面对未来，只有大步向前，才会越走越快，越走越好。如果说今天冯萌萌在心中栽种的是一粒奋发向上的种子，那么明年、后年收获的将是累累硕果。

多锻炼再入党

　　树立了奋斗目标后，冯萌萌经常在泵房里面学习，久而久之，她对泵的运转声音特别敏感，就像是听自己的呼吸声一样，习惯了它的频率。

　　有一天，冯萌萌如往常一样值夜班，一阵嘈杂、不和谐的乱调闯进她的耳朵里，她仔细分辨，发现是从泵里传来的，一阵阵小小的哒哒声，像是打火的声音。冯萌萌赶紧把书放在一边，上前观察，一看泵二的小火苗已经燃起来了！冯萌萌立即行动起来，潜心学习了这么久的知识终于有用武之地了！要知道这种意外情况非常少见，员工们学习的案例也只停留在书本上，其他员工可能一辈子也赶不上一回。

　　与其他工作不同，油田上的工作具有特殊性，虽然不同的部门有各自负责的内容，但油田区域大，各个站之间离得很远，发生了紧急情况从上报到专业部门赶到需要不少时间，有时候可能会耽误抢险的最佳时机，这就要求油田工人每一方面的知识都要会一些。石油易燃，所以消防培训的重中之重就是在发生突发状况时，发现情况的人能做抢险处理。

冯萌萌依照所学，立即停泵断电，在确保没有电流之后，拿着干粉灭火器开始扑灭火苗。由于火势发现及时，冯萌萌很快就处理完毕，并打扫干净了现场。一切结束后，冯萌萌立即跟调度汇报了自己发现的险情，并且说明是如何处理的，调度派人过来发现，泵已重新开始工作，表也换成了新的，问题都解决了。调度人员把这件事报给冯萌萌的队长，队长来到现场发现这里就像什么都没发生过一样，便询问是哪几个人处理得这么干净，调度人员说："我们俩接到消息就赶来了，到这一看，人家小女孩儿都弄完了，还这么利索！"队长对这次突发事件的抢修结果十分满意，当着整个队的人表扬了冯萌萌。

像这种紧急情况还有很多，冯萌萌都处理得很好。于是，在同事们的鼓励下，她郑重地写下了第一份入党申请书，希望积极向党组织靠拢，提高自己的思想水平，更好地为生产现场和同事们服务。写完后，冯萌萌激动地拿给妈妈看。妈妈是一

⊙ 2008年5月，冯萌萌在站旦学习

名有着40多年党龄的老党员，她接过女儿的申请书，端坐在沙发上，用手指点着字，一句一句地读了三遍后，看着女儿的眼睛说："孩子，入党是一件严肃的事情，要有扎实的理论基础，要有丰富的技能水平，要时刻做到吃苦在前享受在后，克己奉公，多做贡献。你要求进步是好事，但妈妈觉得你应该先好好锻炼，然后再向组织递交申请书。"冯萌萌仔细考虑了妈妈的话，想起了妈妈对待工作兢兢业业、一丝不苟的态度，她重新审视自己，发现与眼前这位老党员比起来，自己做得还太少，只一味为了夸奖、升职而努力，显然觉悟还不够高。于是，她虚心接受了妈妈的建议。

党员形象，就是岗位形象。一个党员应在本职岗位发挥先锋模范作用，给其他同事树立良好的榜样。在战争年代，对共产党员的要求是不怕牺牲，冲锋在前；今天，要求共产党员必须有过硬的业务本领，努力在本职岗位上创造一流的业绩。因此，半路出家的冯萌萌决定从零做起，面对逆境，用信念坚守初心。

被评为厂先进工作者

功崇惟志，业广惟勤。完成伟大的功业，在于辛勤不懈地工作。思想上想通之后，行动就跟上了。大学时冯萌萌学的专业是计算机软件应用，和石油工人可以说八竿子打不着，因此一切都需要从头开始。坚定了工作态度，冯萌萌开始加倍努力学习相关知识，希望在最短的时间内将这些知识学会，缩小自己与其他工人在理论知识层面的差距。

虽然在油田长大，但是冯萌萌觉得很多东西自己都不会。看着这个设备眼熟，知道它是注水泵，但是零件的名称对不上，冯萌萌意识到自己以前没有沉下心来做这份工作。自此冯萌萌转变思维，多学、多问。作为新员工，冯萌萌跟着队长到处看，为什么这个零件要用特定的扳手，为什么它是顺时针不是逆时针转……冯萌萌有很多的为什么。在了解这些问题的过程中，她逐渐梳理自己的思路，也逐渐知道自己哪里不足，从而更好地查缺补漏。每次有活的时候，冯萌萌都跟着一起干，慢慢地积累的经验就多了。

有了实操经验后，冯萌萌常常利用工作之余翻看《集输工》《集输技师培训教程》《采油工》《采油工艺读本》《油水井动态分析》等专业书籍，可以说这些书清晰绘制了采油工的成长路线，从初级工到中级工再到高级工直至高级技师，所需的知识都囊括其中，甚至是在实战中可能会遇到的问题，书中也解释得非常清楚。这些书见证了冯萌萌的成长，也开启了她人生中最灿烂、最热烈的篇章。

纸上得来终觉浅，绝知此事要躬行。这些专业书籍有些已出版多年，数据与技术过于陈旧，有些则过于理论化。冯萌萌觉得与其坐在工位上瞎想，不如真真正正地看到实物，这样才能理解得更加通透。所以在大班维修设备时，冯萌萌会跑前跑后，从旁观学习到递送工具，从井口取样到独立更换抽油机皮带，一点一点地动手摸索，和工友们一起操作、研究。经过大量实践，她可以独立完成三台注水泵的泵头拆装维修工作。

最开始，她看着站上和资料室里的姐姐们写的资料，那一个个数字和天书没啥区别。每当遇到这种情况，她就会将不理解的知识点做好标记，每周抽出一下午的空闲时间与自己的师傅进行沟通、探讨，将知识一点点地吸收、掌握。温故而知新，冯萌萌还喜欢写读书笔记，她将与生产实际息息相关的知识点分类记录下来，并在一旁加上自己的注解，反复翻阅。

休息期间，她又会拿起石油工人们最熟悉也是信息最详尽的两本书《采油工》和《注水泵工》进行学习。从日常操作到维修保养，从内部结构到操作管理，大量的理论知识源源不断地进入冯萌萌的大脑。付出总有回报，2007年年底，半年多的勤勤恳恳换来了冯萌萌职业生涯中第一个荣誉证书——采油厂先进工作者。这是对基层员工最高的嘉奖，给了冯萌萌莫大的鼓励！

"采油厂先进工作者"是冯萌萌所在的厂级单位最高的荣誉。冯萌萌还记得当时自己是一名夜班工人，别人上夜班的时候按部就班，该巡检就巡检，自己的岗位自己看好，旁的不再理会。冯萌萌是个主动性极强的人，上夜班的时候不光会干好自己岗位上的活儿，还会帮别的岗位做些力所能及的事情。

夜班工人一般负责设备的启停操作，如果发生紧急情况，向上汇报即可，也包括一些报表的填写、生产数据的确认等。冯萌萌值班时，情况则不同，如果出现了什么故障，她会配合同事一起维修，大班工人还没来就维修好了。

有一次，一个单机的离心泵出现紧急故障，马上就要喷水了，而且故障点在贴近地面的最底部的盘旋位置，一旦出现缺口，水会瞬间喷发出来，造成巨大损失，而单位要求杜绝任何情况下出现抛锚地漏的问题。一旦盘根漏水，所有的设备都要停止运行，注水泵也要停止工作等待维修，这个时间非常长，造成的损失也是巨大的。冯萌萌第一时间和同事们抢修离心泵，成功避免了这类问题。对于冯萌萌做的这一切，站长与单位领导们都看在眼里。这个勤劳、认真的女孩，转到了大班也从没懈怠。即使白天站上能够进行维修工作的人有很多，她也会一直紧跟大部队，在油井旁边帮助修理电机或是更换皮带，不管大活小活，都认真去干。

冯萌萌所在的采油厂有1000多人，而采油厂先进工作者，一年只会评10个，获得这么高的荣誉冯萌萌也十分高兴，同时她也感受到了单位公正、温暖的工作氛围，不会因为她是一个在夜班工作的新人就忽视她的劳动成果，更不会在评奖时论资排辈，领导能够看到每个员工的付出。

一个人把该做的事情做了、该出的力出了，成功之道就在其中，幸福之路亦在其中。

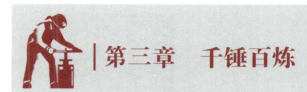

第三章　千锤百炼

扫码解锁

◉群英颂歌◉巾帼风采
◉匠心传承◉奋斗底色

独自上阵克难关

"学无止境，在工作中亦然。只要不断提升自己，就没有解决不了的困难，就能更大地发挥自己的价值，做出一番成就。"在不知不觉中，冯萌萌已经拥有了采油工的基本知识储备，但她觉得这远远不够，离最初的目标还差得很远。一本高级采油工的练习题库共900多道题，冯萌萌快速浏览一遍题干就能知道正确选项，十多分钟就可以做完。在师傅空闲时，冯萌萌会追着了解设备操作要领，每当这个时候，师傅都会给她仔细讲解，不厌其烦。在掌握要领后，冯萌萌面临工作中第一个重大挑战——独自一人维修五柱塞高压注水泵，并完美解决。

2008年夏季的南中注水站泵房内，阳光透过大大的玻璃直射运作中的设备，不通风的泵房内，机器轰鸣不断，像个大蒸笼，温度高达43℃。

油田注水是油田开发过程中向地层补充能量、提高油田采收率的重要手段之一。注水井管理技术水平的高低决定着油田开发效果的好坏，同时也决定着油田开发寿命的长短。利用注水设备把质量符合要求的水从注水井注入油层，以保持油层压力，这个过程称为油田注水。水自身的压力只有0.3兆帕左右，而石油一般藏储于地浅层或中层，也就是地下2000米到3500米，如果没有人工干预，单凭水自身的力量很难快速到达目的地，会耽误产量，甚至破坏地底结构，所以就要请出注水泵了。注水泵通体绿色，与油田上火红色的抽油机遥相呼应，它们一个负责产出，一个负责善后。注水泵可以把自来水的压力从0.3兆帕提升到20兆帕左右，泵的参数不一样，提升的压力就不一样，这要根据每个采油厂的不同情况来决定，有的可能要提升到十几兆帕，有的要提升到三十几兆帕。冯萌萌当时负责的注水泵要求提升到24兆帕。注水泵使用时间长了，里面的配件会磨损，这就需要当值的工人对配件进行检修更换，保证注水泵的压力正常。

一台泵上有30颗41号大螺栓，每次检修需要全部拆下，再重新拧好。螺栓的大小和五个手指并在一块的尺寸相似，但只能依靠人力松开又紧固。这天正值冯萌萌值夜班，她与往常一样，巡视注水泵是否正常工作，这时候，她发现一个注水泵的压力明显不足，然而井口和管线都无漏水现象，那就是注水泵内部出现了问题。正常来说，夜班工人在巡查时发现设备存在问题，直接上报就可以了，检修的任务由白天上大班的工人们完成。但发现问题却无动于衷不是冯萌萌的风格，她不喜欢有什么问题都等着别人来解决。现在站长和有经验的工人都已经下班了。"要等到早上吗？水井一晚上没有注水，势必会影响第二天的产量啊！"想到这里，冯萌萌决定亲自上阵试一下，如果什么都不做，水泵是不会自己恢复的，如果做了，至少有成功的可能！

冯萌萌从库房里拿出检修所需的工具，回忆着站长每次检修时的动作和指导，之前日复一日的练习终于派上用场了！第一步就是个大工程，每次检修的时候需要把柱塞的法兰拿出来，法兰就是把管道、管件或器材连接起来的零件。30个螺栓均匀地插在6个暗绿色的法兰中，法兰的安装拆卸都要严丝合缝。要将螺栓转出，法兰的中心必须与中线重合，才能顺利地端出来，稍有差池就会卡住，这就要求维修人员必须保证两点：第一，手劲儿一定要大；第二，手臂一定要稳。做到了这两点，才能把法兰成功取出。这还只是维修的第一步，如果这都做不到，里面精细繁复的配件就更没办法修了。冯萌萌在练习之初，还是费了些劲儿，需要两只手并用才能拿稳扳手。作为女性，在臂力方面天然就差了一截，为了弥补这个不足，冯萌萌不断练习，现在她的手臂壮实，肌肉充满力量，终于能从容地取下法兰了。

法兰取出来之后里面有阀座、阀片、弹簧垫等种种零件，具体哪里有问题，光用眼睛是看不出来的。冯萌萌根据书上学到的知识一一排查，终于找到了问题的根源，她把已经磨损的弹簧垫换了新的，又把一些略有损耗的零件重新打磨了一下接着用，这样最大程度地节约了资源。

冯萌萌重新拧上了最后一个螺栓，注水泵开始正常运转，压力正常，她成功了！经过数小时的抢修，冯萌萌的汗水早已湿透工作服，但她感受到了前所未有的快乐。世上难事千万件，唯怕"用心"二字。

第二天站长来时，发现了报修记录上的注水泵已经修理完

⊙ 2010年5月，冯萌萌（右）在进行外来人员进站教育

毕，正常运转。询问下，冯萌萌把自己如何一步步排查故障，如何进行检修操作，十分详细地汇报给了站长。一开始站长还有些担心，这个小姑娘真的修好了吗？他在冯萌萌的带领下来到了注水泵前，发现注水泵有条不紊地运转着，压力正常，注水量正常。站长对冯萌萌的表现十分满意，她挽回了不小的损失啊！

"没想到一个小姑娘也能独立地干她这个活！"站长夸赞了冯萌萌，自此，就放心地把检修注水泵的工作交给她了。又过了一段时间，冯萌萌顺利地从夜班转到了大班。上大班要负责设备检修，哪里有问题冯萌萌会立即去做设备检修，如换压力表、换阀门、换垫子、换注水泵、拔座阀片等。

到了大班工作，空闲的时间变少了，但冯萌萌仍没有放弃学习新知识，她始终保持着对未知的好奇和对专业的热爱。即使她的胳膊因长时间劳作而没力气抬起来，她依然坚守在岗位上，保证在她的班次上不会留下任何一台有问题的机器。夏天，冯萌萌的工作服总是湿的，她说，这是辛劳的奖章。

采油六队第一个女站长

工作两年来，冯萌萌每年都被评为采油厂的先进生产工作者。当时一个采油厂有1000人左右，获得这个荣誉的在整个大港油田还不到20人。冯萌萌想，这是单位对自己工作态度的肯定，对技术水平的认可，一定要再加把劲儿，让自己的水平对得起单位给予的荣誉！

冯萌萌的岗位是注水泵工，平时她不光看注水泵工的操作指南，只要是与石油有关的书她都会看，因为冯萌萌认为每个岗位都是相通的，注水是为了多采油，不能只了解注水泵，要了解水到地下之后起到什么作用，和地下的石油又会产生什么反应。所以，冯萌萌不光看注水泵工的操作规程，还会看一些采油地质分析、采油地质概论方面的书籍。后来冯萌萌取得了中国石油大学石油工程专业的本科文凭，给自己的知识库添砖加瓦。

看书的时候冯萌萌会把不同的问题归类、总结，将同类问题积攒起来一块儿问，收集问题的过程中就能自然而然地解决一些问题，效率更高。问问题也有技巧，每个师傅都会忙自己的工作，天天追着一个人问，人家也会烦，所以冯萌萌与厂里每个员工都相处得十分融洽，看见年龄差不多的就叫哥哥姐姐，岁数大太多的就叫师傅、老师。就这样，今天问问这个师傅，明天问问那个姐姐，再解决不了的问题就问站长、技术员，渐渐地她弄清了自己所有的疑惑。有时同样的问题她会问不同的人，从多个角度去理解，慢慢地这些知识融会贯通了。

后来，冯萌萌又考取了采油工和集输工的职业等级证书，她是采油队第一个持三证的员工。单位虽然一直号召争取双证，但是真正考取双证的人并不是很多。冯萌萌意识到，油田的人会越来越少，而且岗位之间本身就应该是相通的，所以应该多学，有备无患。

冯萌萌通过循序渐进的积累，慢慢地形成了一套自己的综合性的知识体系，这为后来成为讲师积累了不少经验，这个方法也得到了学生们的广泛认可。

　　2009年，冯萌萌不负众望成为采油六队维修工，也是唯一的女维修工，一直到现在，她也是采油厂里唯一干维修工作的女员工。她凭借的不仅是技术，更是效率和积极的态度。这个风风火火又认真严肃的女孩，赢得了厂里所有人的认可。管井工在井上取油勘察数据时发现问题都喜欢第一时间汇报给冯萌萌，因为无论是午休还是临近下班，只要接到汇报，她都会立即穿戴整齐，带上工具，奔赴现场，解决问题。

　　有一次，抽油机井采油树的回压阀门渗漏，冯萌萌立即赶到现场，切换了流程，将要操作的区域放空后，开始拆卸法兰螺栓。

　　由于使用时间较长，石棉材质的法兰垫子已经变了形，纤维彻底粘连在法兰面上。这给冯萌萌出了个大难题，首先，要在5mm的间隙里，清除所有的残留物；其次，动作要快，出于油井产量的考虑，停井时间太长，会影响产油量；最后，当时是冬天，如果管道内太久没有石油流动，很快会冻住、堵塞，不仅伤害油井，更有可能威胁到工人们的安全。

　　冯萌萌知道这个任务一秒都不能耽误，于是她立即跪在地上，这样视线能与缝隙齐平，手臂又最容易发力。她拿起镰刀，一下又一下用力刮蹭法兰面，丝丝寒气很快就从膝盖传到全身，厚厚的工作服在冻得紧实的地面前抵挡不了太久，不一会儿，冯萌萌就感觉到膝盖处火辣辣地疼。但她没有停下手上的动作，双眼紧盯着法兰面，镰刀实在刮不动的地方就用一字改锥来蹭，然后再用镰刀刮，循环往复，终于将上下两个平面全部清理出来。冯萌萌飞快地将新垫子涂满机械黄油，将其放入法兰中，对角紧固螺栓，又切换回常规流程检查一遍，没有问题，这才放下心来。冯萌萌刚要起身却打了个趔趄，跪的时间太久，双腿又疼又麻，旁边的同事赶紧过来搀扶，有人送来一杯热水让她暖和暖和。此刻的冯萌萌不仅手上暖，心里更暖。

冯萌萌在工作中解决的问题还有很多，巡井检查过程中发现的各种问题都需要她上场，例如，爬上2米多的高台更换抽油机皮带；管道穿孔后，用数斤重的铁锨挖坑配合维修队进行补漏；当注水泵压力不足时，拆卸注水泵进行维修保养等。这些都是重体力、高强度的工作。

每天休息时，冯萌萌几乎是闭上眼睛就能睡着，同事看到疲惫的她问："都已经这么累了，为什么还抢在前面干呢？是什么在支撑着你呢？"

冯萌萌想了想说："也没什么高大上的原因，我是采油工，这些都是我的本职工作，应该干好的。"既然选择了这个职业，就要对得起这个职业，要做就要做到最好，一直是冯萌萌的信条。

在冯萌萌心里，从来没有"应付"两个字，只有全心全意的付出。只要油井正常生产，产量上去了，即使再苦再累冯萌萌也开心。

2010年，冯萌萌成为站长。那时候，二厂最远的一个小站需要人员，小站是由滨海一区投产的，作为新站，它的设备最全，有三相分离器、多功能储集器、天然气发电机、污水撬装装置、高压注水泵等。同时，站里的井别也是整个二厂里最丰富的，有自喷井、电泵井、抽油机井、水力射流泵井、水源井等。当然，多样的设备就对应着多样的采油方式、护理方式，每种设备还有各自需注意的特点。这个站还有一个危险系数最高的设备——大港油田第二采油厂唯一含有硫化氢的井滨14-84。硫化氢是一种易燃的酸性气体，无色，有毒，低浓度时有臭鸡蛋气味，浓度及低时有硫黄味，如果接触时防护不当会侵害身体。当时大家都害怕，不敢去，但是了解完情况后冯萌萌并不怕，她是一个喜欢探索的人，喜欢学东西。冯萌萌觉得自己就像一块铁，那些新奇的设备就像磁石一样深深地吸引着她，所以她自告奋勇去了滨海一区。

冯萌萌认为，自己是接受过培训的，能熟练使用硫化氢气体检测仪，而且自己会正确佩戴正压呼吸器，到了新区，培训时间也不会太长，可以给厂里节省一些人力，只要熟练掌握操作技能，再加上有仪器装备，工作时心里就很踏实。厂里赞扬了冯萌萌主动申请的举动和敢为人先的态度。面对工作，冯萌萌是个极为单纯的人，她说："工作肯定要有人去干，不分高低好坏。"

天将降大任于是人也，必先苦其心志，劳其筋骨。滨海一区路途遥远，每天1个小时颠簸的土路治好了冯萌萌的晕车。每天到了站上，冯萌萌一刻不停，铆足劲儿干活。大到油井取样、调参、调对，水井换流量计、调配注水量，站内换安全阀，启发电机，小到站内清理下水道，都是冯萌萌一手包办，忙碌而充实的工作使她在一年内成为采油六队第一个女站长。

站长被称为兵头将尾，既要认真贯彻落实各级领导布署的任务，又要组织好站内员工工作，具体来说站长要负责本组油水井护理措施的落实工作；负责本站油水井及机泵设备的日常维护、保养工作；负责本组现场标准化管理工作；负责组织本组的应急处置措施编制、演练工作；协助参加作业区应急抢险工作；负责油水井修井作业过程中的交、接井工作；负责本组职工的管理及考核工作；负责本组员工QHSE①管理及外来施工人员的安全教育工作；承担本单位治安防范与综合治理管理工作；负责本岗位职责内的QHSE及内控与风险管理和企业保密工作等重要工作。

大港油田采油二厂有二十几位站长，而女站长只有冯萌萌一个。冯萌萌带领9名职工管理71口油井、水井，10台机泵设备。

---

① QHSE是常用于石油、化工、燃料等行业的管理体系。指在质量、健康、安全和环境方面指挥和控制组织的管理体系。

师傅的言传身教

冯萌萌的师傅是宋忠利，他是一名有着30多年工龄的老工人，是20世纪90年代的天津市技术能手。冯萌萌第一眼见到师傅时的感觉是：这个人和善、热情，以后有不会的地方，可以放心大胆地问。在生活中，师傅平易近人、亲切热情，但是只要穿上工作服拿起工具，他两只弯弯的眼睛就会瞪圆，眼神变得坚定，特别认真、严肃。

对待工作，宋忠利一丝不苟，他的工作作风带对冯萌萌产生了至关重要的影响。当冯萌萌成为下一代石油子弟的师傅时，身上有宋师傅的影子，举手投足间也有宋师傅的风范。

在冯萌萌沮丧时，宋师傅的鼓励总能重振她的信心。有一次，冯萌萌在训练打卡子，几次演练结果都不好，总是漏，心情特别沮丧，认为是自己能力不足。宋师傅察觉到问题走过来时，冯萌萌已经准备好接受批评了，但宋师傅只是走到她旁边，前后看看卡子，拿起工具逐一排查问题，一点一点帮她分析为什么漏，是胶皮的问题、卡子位置的问题，还是用力方式的问题？一边分析一边给她做排查示范。依次试验过后，冯萌萌掌握了要领，一次就打住了卡子，并且在之后的训练中再也没有漏过，每次操作都非常有信心。

在冯萌萌心里，宋师傅还是个特别讲原则的人，铁面无私。记得2013年，冯萌萌刚成为宋师傅的徒弟，他就鼓励冯萌萌去参加技能大赛。他是教练，正好负责一个新的项目——综合技能。综合技能考的是离心泵的故障判断、联合站的一些基础情况分析，还要做图表，并根据这些图表曲线计算生产数据。这门课程以前没有开过，没有可以借鉴的东西，但是占分比例还特别高。宋师傅让冯萌萌背整本书。冯萌萌毕竟是从采油工转岗到集输工的，经验少，在别人讨论的时候也插不上话，就只能自己看书。冯萌萌花在记忆方面的时间比别人多得多，别人可能只是轻松地背下一道道选择题的答案，她却需要花费很多时间和精力去背整本书的内容。这使得冯萌萌在学习时特别吃力，感到力不从心。

考试前的一天午饭后，宋师傅邀请冯萌萌一起散步，这使得冯萌萌非常高兴。她心想，宋师傅是不是要给自己划重点了呀，让自己能够轻松地应对考试，毕竟，她可是亲徒弟呀，徒弟成绩好师傅也有面子不是？然而，在整个散步过程中，宋师傅聊天气、聊家庭，又问她吃饭休息得怎么样，就是没有说任何关于考试的话题。这让冯萌萌有些失望。

散步结束，二人走到教室门口时，看着宋师傅准备进门，冯萌萌终于忍不住了，开口问了一句："宋师傅，我们考试有没有什么范围呀？"宋师傅突然停下了脚步，一脸严肃地看着冯萌萌，这让她感到有些紧张。

"冯萌萌，你想要什么范围？"宋师傅问道，"平常我讲的内容就是考试的范围。如果你不好好复习，再怎么划重点也没有用！"

宋师傅的一番话让冯萌萌意识到了自己的错误。原来，宋师傅一直在课堂上强调的重点和难点，就是考试范围。每个人学的知识都是一样的，公平公正，自己却一直想着走捷径，没有认真复习。

"踏踏实实好好学习，把自己的心态摆正。"宋师傅语重

⊙ 2013年4月，冯萌萌（右）跟师傅学习注水泵液力端维修操作

心长地对冯萌萌说，"不要想着走捷径，这样只会让你错失更多的机会。"

冯萌萌听了宋师傅的话深感愧疚。工作中遇到的问题可不会给范围啊，她意识到自己的想法和态度需要改变。技能大赛最终还是要服务于实战的，比赛有范围，但工作中要面对的困难没有范围，人生更是没有捷径可走。

从那以后，冯萌萌开始认真听讲、努力学习，不再想着偷懒，她相信只要自己付出足够的努力和汗水，一定能够取得好的成绩。

还有一次，冯萌萌和同事们去大站开会。冯萌萌心想只是去开会，又不是去检测生产现场，所以并没注意自己的仪容仪表，虽然穿着工服，但没有穿劳工鞋。宋师傅一眼就注意到了这个细节，会议结束后，又批评了她。宋师傅要求特别严格，但对徒弟们也是用心教授。劳工鞋笨重，是因为里面有支撑起来的保护层，防止工人在工作时遇到意外情况，如果被锤子、锥子砸到或是不慎被卷入机器中，劳工鞋可以最大程度保护脚掌不受伤。工作现场无小事，这是无数工人血的教训。他说："只要进入工作场所，就必须保持这个习惯，穿戴工服工鞋不仅是对自己负责，也是对单位负责。"冯萌萌觉得师傅说得非常有道理，所以现在教自己的徒弟时也是这样要求的。

宋师傅还教导冯萌萌一定要重视身边的每一件小事儿，例如，上螺丝一定要上好每一颗螺栓，上好之后每一颗螺栓都要用手至少摸两遍，一定要细心。

2013年，输注一队注水岗1号注水泵频繁更换盘根，经过宋师傅和冯萌萌细心观察、反复实践，通过在填料盒内加入扶正器，有效延长了密封填料寿命，将设备运行时率从98.2%提升至99.1%，一年下来节约材料费和设备修理费23800元。

在每日的设备巡检中，宋师傅常常针对现场离心泵、加热炉等设备可能出现的故障点进行询问，将知识点潜移默化地传授给冯萌萌，训练其养成勤动脑、善分析的工作习惯。在站内设备故障维修或者维护保养时，冯萌萌会利用所掌握的知识去分析设备发生故障的部位，判断故障原因，并在宋师傅的指导下处理。

与此同时，身兼多职的冯萌萌也是班站培训工作主要负责人。她总结自己的学习方法，针对实习大学生缺乏工作经验的现状，从技能培训、标准作业程序培训、应急演练培训、安全知识培训等多方面入手，以提高岗位员工的综合素质为目的，不断开展培训，帮助大学生尽快进入角色。

冯萌萌在备课《石油石化职业培训教程》这本书时，准备了一些学习方法，比如她自己总结的"1+3"学习法，1指的就是要把所学书籍从头到尾读一遍。3分别是：第一，知识点要一条一条写；第二，把这些知识点写完之后再做一遍；第三，做的时候旁边需要有人把过程录下来，做完要看一遍。一本书必须通过这三步才能把它变成自己的东西。

冯萌萌培训的时候，会运用一些特别的方法。比如歌词激励法，冯萌萌挑选出里面一两句有特殊含义且朗朗上口的歌词，根据歌词编写一些比较难的题，现在，学员们一看到《孤勇者》就知道这次考试肯定会特别难，看到《星辰大海》就知道题的范围比较广。歌词激励法能让大家在学习过程中感受到乐趣，不至于太枯燥，有新鲜感，因为年轻人的学习具有短平快的特点，得想一些能够引起他们学习兴趣的办法帮助他们掌握知识。

冯萌萌还给学生绘制了学习曲线，她每天会在不同的时间出题，总结学生在哪个阶段答题效率是最高的。比如这个学生早上答题正确率非常高，冯萌萌就会在早上给他出题；如果这个学生晚上的效率高一些，冯萌萌就会在晚上给他出题。除此之外，还有一个错题重生法，冯萌萌会把学生的错题进行排列组合，之后再次考他们，帮助他们消化吸收直到真正掌握。

冯萌萌所管辖的歧南9×1断块、歧南1–8断块是歧十五站产量构成的重要区块，工作中，冯萌萌严格要求自己和同事，取全取准第一手生产资料，配合作业区进行重点井核查工作，力争及时、准确地提供油水井最新信息。善于分析、勤于动脑的好习惯使冯萌萌连续两年荣获采油厂动态分析一等奖。

经过师父两年多的精心指导，冯萌萌的技能水平明显提高。在之后的培训中，冯萌萌在采油厂兼职教师的平台上，与同行们进行沟通，将一些好的工作经验、学习方法传授给更多渴望成长的青年员工，同时进一步提高自己的组织协调能力和编写课件的水平。

冯萌萌常说："干一行就要爱一行，要在自己的岗位上实现自己的人生价值。"工作中，冯萌萌喜欢用实际行动来诠释自己的话，践行自己的承诺。一分耕耘一分收获，作为青年员工，要清楚地认识自己的使命和责任，学会脚踏实地，一步一个脚印地向前拼搏，将工作当作一门艺术，去欣赏它，珍惜它。"奉献能源，创造和谐"不是一句空话，而是用行动来书写的一幅美好画卷。

半路出家，勤能补拙

虽然冯萌萌属于"半路出家"，但是她相信勤能补拙。从临时工到维修工再到站长，这个过程离不开参加技能大赛的磨砺，通过参加技能大赛，她的实力得到了大家的认可。在采油厂的大力支持下，在师父的辛勤教导下，冯萌萌用自己的勤奋努力，推开了技能竞赛的窗。2009年，冯萌萌作为当时唯一的临时工参加了大港油田第二采油厂的轻工比武，之后的几年她先后参加了大港油田公司、中国石油集团公司技能大赛。

2009年，冯萌萌第一次参加比赛。那天队长找到她，问她是否有意愿参加比赛。一开始冯萌萌感到奇怪，这种比赛一般都是由队长选定人员，直接参赛，不存在商量一说。而且冯萌萌是临时工，没有签合同，随时可能离开，并不稳定，在专业知识储备上更是和正式员工相去甚远。

当时的冯萌萌正在干注水泵工，只有专科学历，又没有采油生产的工作经验，参加采油工的比赛其实难度非常大。

队长征求冯萌萌的意见，问她愿不愿意去。冯萌萌思考了一会儿坚定地回答："我愿意去！我想试试。"

冯萌萌想："队长既然来找我，就证明队长对我有信心，愿意支持我，不能让队长失望啊！"一方面，冯萌萌愿意为了采油六队去努力；另一方面，她也一直好奇注水与采油之间的关系。在单位时，冯萌萌就特别喜欢向哥哥姐姐们学习，如在巡检柱塞泵水罐时，她会问哥哥姐姐们，"这水注到哪儿去了？"

"从管线流出去了。"

"那水又去哪儿了？"

"去注水井了。"

"从注水井又去哪儿了？"

"地层。"

"从地层又上哪儿去了？"

……

冯萌萌想搞清楚每一项设备和油层是如何连通的，连坐班车的时间也不闲着，会和别的站的工人们聊天，包括今天干的什么活、电机怎么换……将聊天获得的知识与专业书籍比对，慢慢就融会贯通了。

或许得益于学生时期的优秀学习方法，冯萌萌在学习时十分灵活，如果觉得这本书枯燥，实在看不下去，那就换一本，等有兴趣了再回过头看这本书。书看得多了，冯萌萌发现脑中的知识点不知不觉就串在一起了。

参加比赛时，原本紧张的冯萌萌发现自己和正式工的知识储备差得并不多，好多困难都源自自己的想象，当动手去干时，就会发现它其实没有那么难。冯萌萌第一次参加比赛，十分顺利，获得了采油厂的第三名。拿到奖状时，队长也为她骄傲，这是一个非常好的成绩！

冯萌萌在第一次比赛中崭露头角，回到厂里后，培训学校的领导也非常看好这个聪明、好学，干活干净利索的年轻人。因此领导推荐冯萌萌去参加大港油田公司重组之后的首届技能大赛。二厂的领导们非常重视这次比赛，1000多人的采油厂只

⊙ 2013年10月，冯萌萌在采油井进行更换电动机皮带操作

有3个名额，冯萌萌经过了层层选拔，和伙伴们一起接受了近三个月的训练。

训练时期每天的工作量极大，加上冯萌萌一直对自己的要求非常严格，每天训练结束后她都累得眼皮都睁不开。

这不仅是对身体的磨炼，混着汗水与泪水的经历更是一次心灵的成长。

在一次比赛训练中，不幸的事情发生了。冯萌萌正奋力抡着大锤，一下一下重重地锤在训练台上。这几天她不知道抡了几千次大锤，手臂由一开始的酸疼转为麻木，她只能靠惯性和毅力咬着牙，强撑下去。

糟了！

冯萌萌注意到，这一下砸的位置不对，偏了！

但是沉重的大锤已经无可避免地进入重力的轨迹。下一秒，大锤砸在螺栓旁边，连带着顺流而下的鲜血。冯萌萌的手受伤了，虎口处硬生生被惯性扯出一条大口子，鲜血直流，那种钻心的疼痛让人无法忍受。

冯萌萌立即去处理，清创后，她大着胆子看了一眼，口子大得吓人，从虎口裂到了拇指，还在渗血，正好是发力的位置，她担心伤到筋骨，不敢动一下。万幸的是，医生告诉她没有伤到重要位置，伤口若大0.5厘米就要考虑缝针了。但虎口来回活动不利于恢复，所以在愈合前不能有大动作。这句话让冯萌萌重新陷入自责，她气自己："为什么这么不小心，这么马虎？！力气上本来就与别人有不小的差距，现在一休息不知道要落下多远。那之前的努力岂不是白费了？！"

为了比赛，冯萌萌不敢放弃，也不能放弃，她一股脑儿倒了大半瓶云南白药敷在伤口上，先是用纱布里里外外缠了好几圈，发现拇指回不了弯后，又拆了下来，只用止血棉把纱布缠紧让药粉不撒出来。然后冯萌萌回到了训练场地，她咬紧牙关，告诉自己："不能再出错了。"

继续训练，每一次落锤的震动都会通过伤口处传到冯萌萌的手臂。那感觉像是千万根针在扎，又像是一股电流，刺痛的感觉蔓延到手臂变成一阵酥麻，让冯萌萌总是使不上劲儿，生理上的疼痛让她的眼泪不由自主地往下掉。尽管如此，冯萌萌并没有停下来，仍然坚持训练。这种毅力让人感到震惊和敬佩。等到训练结束，冯萌萌整个脸上都湿漉漉的，眼睛更是红得吓人，她担忧地看了一眼受伤的手才发现，纱布不知什么时候被血渍渗透，留下一片暗红。

为了缩小女选手和男选手先天的体力差距，冯萌萌需要付出更多的努力。人家练3遍就休息，冯萌萌要咬着牙练5遍。一次，冯萌萌在三伏天中暑后高热不退，看哪里都是天旋地转的，她就把风油精擦在安全帽的内帽檐上，就算是闭着眼也要把活干完。训练结束后，冯萌萌胳膊壮了，肩膀厚了，力量足了，变成了萌萌的女汉子，和男选手相比几乎没有体力上的差距了。

这种精神让人无比钦佩。在训练和比赛中，冯萌萌不断地挑战自己的极限，不断地超越自己。她的努力和汗水最终换来了胜利的喜悦。这种胜利不仅仅是个人的荣誉，更是对努力和坚持的最好回报。

冯萌萌决定参加比赛时她的孩子才一岁，为了不分心，她只能将孩子送回农村老家。

冯萌萌之前常夸儿子聪明，比别的孩子说话都早，8个月的时候就会一言半句地叫妈妈。可现在，儿子用稚嫩的声音叫着"妈妈，妈妈！"一声一声带着哭腔，像是拳头重重锤在冯萌萌的胸口。冯萌萌还记得每次临走前，孩子撕心裂肺地哭喊着要妈妈，拉着她的衣服不让走。可是她必须走，厂里一样需要她，她想要离开，却怎么都掰不开儿子那双稚嫩的小手。冯萌萌用全力忍着不让自己哭出来，也不敢回应儿子，她怕自己一哭就真的走不了了。最后，只能狠心脱下外套，仓皇离开。

当时每个月都有一次考核，考核完会放一天半的假。那时冯萌萌老家还没有通火车，每到星期五，她需要先坐班车，再坐大巴，倒好几趟车才能抵达农村老家。虽然需要长途跋涉，但一想到能见到孩子，所有的疲倦都烟消云散了。星期六，冯萌萌能照看孩子一整天，并尽可能多地帮着老人做一些家务，两位老人照看一岁的孩子也不容易，但他们非常支持冯萌萌参加比赛提升自己。怕她担心，每次在她离家前，父母都说："没事没事，你快去，我们都好。"然后拍着胸脯向冯萌萌展示自己身子硬朗。

星期日下午冯萌萌会回到培训学校。这样来回地跑，是为了能跟孩子多待一会儿，冯萌萌心甘情愿。这一天半的时间，别人休息充足又学习了新知识，而冯萌萌都耽误在路上了，每个星期一学校都要考试。一考试，冯萌萌的成绩刷地就下来了，差距十分明显。连着两个月成绩都不理想，第三个月休息的时候老师就不让冯萌萌回家了，老师说："萌萌，别回家了，别人都可以回家，你不许回。"

马上就要比赛了，老师让冯萌萌再克服一下困难，毕竟参加大赛不仅是为自己争得荣誉，更是为六厂增光添彩。冯萌萌知道自己肩上的责任，可是母子连心啊，虽然训练时不会分心，可一放松下来，对孩子的思念立即涌上心头，有时候走在路上或吃着饭都会突然哭出来。等比完赛大概又过了两个月的时间，冯萌萌再接孩子时，儿子已经不认识她了，看到她就哭，就跑，当时冯萌萌的心里说不出的酸楚。

在比赛的时候，作息时间极其不规律，冯萌萌每天只睡五个小时，在高强度的训练使冯萌萌得了胃病，高压下的冯萌萌吃不好睡不好，胃病越来越重，几乎吃什么吐什么。有时刚吃完饭，冯萌萌立马就去厕所喷射状地往外吐，胃又经常痉挛，一痉挛就疼得死去活来。尤其是干活儿的时候，胃突然间痉挛，头上的汗刷刷地往下掉。冯萌萌一个月瘦了十七八斤。

在这种高强度的训练下，为了能坚持下去，冯萌萌逼着自己吃饭。教练注意到这一情况，就亲自给她煮小米稀饭、面条等好消化的食物。休息时候又陪着她去输液，在一旁给她加油鼓劲儿，就这样冯萌萌一天训练都没有间断。整个训练下来冯萌萌瘦了16公斤。一直到现在，冯萌萌的胃都不好，工作强度一大她的胃就疼，家里常备着治胃病的药。

这些都不算什么，都说学海无涯苦作舟，只有参加技能竞赛，才能体会到有一种苦叫深夜背题，冯萌萌困得不行的时候把自己手臂内侧都掐紫了；有一种苦叫一晚上画五张机械制图，画到闭上眼看到的都是各种图形；有一种苦叫阀门盘根紧死后操作，十指指尖的两侧被硬生生挤裂的痛楚；有一种苦叫累到虚脱仍一遍遍提醒自己，不是因为看到希望才坚持，而是只有坚持才能看到希望！冯萌萌坚信，路虽远，行则必至。人生，其实就是在坎坷中前行，在前行中奋斗，在奋斗中坚持，在坚持中收获。最终，冯萌萌在比赛中名列前茅，成功通过试炼。在采油厂留下来，成为大港油田第二采油厂的一名正式职工。

2013年，师傅问冯萌萌愿不愿意参加中国石油天然气集团公司组织的集输工的技能大赛，她当时就陷入犹豫，想要拒绝。

集输工是专门从事石油开采后的收集、输送和管理工作的岗位。他们的日常工作涉及多个方面，首先集输工要负责采集和输送石油，集输工负责将从地下开采的原油通过管线送至集油站，进一步通过管道将其输送到油气贮运公司，最终到达炼油厂等地；其次集输工需要完成对原油的处理，集输工负责对原油进行初步分离、脱水处理以及质量检测，确保符合相关标准。这些年走过来，一盏台灯、一条板凳，陪她熬过了无数个日日夜夜。从注水泵工转岗到采油工有多难，她深有体会。在采油工岗位上干了那么多年，冯萌萌一门心思参加采油工的大赛，现在要参加集输工比赛，在心理和生理上无疑都是一个巨大的挑战。

宋师傅看出冯萌萌的犹豫，语重心长地劝她，女同志到了这个年龄体力跟男同志就开始不一样了，采油工比赛四年才一届，再过四年，未必有体力参加。万一到时候采油工大赛不比了，那岂不是失去了一次机会？冯萌萌觉得师傅说得有道理，人生豪迈大不了从头再来，所以决定迎战。

冯萌萌是在银川参加的比赛，属于客场作战。她有一个习惯，拿到题之后不是先动笔，而是先分析，把每一道问题的考点，从头到尾分析透了，之后才会在电脑上答题。这个过程可能比别人慢，但出错的概率会小一些。

开考五分钟，停电了。这种大赛听到停电的消息是非常影响心情和节奏的。停电了，可冯萌萌还没有开始写呢，因为大家都是第一次遇到这种情况，开机后再设置需要的公式，是很耽误时间的，大家都很慌。之前做过的题要重新写一遍，这个小插曲让大家回到了同一起跑线上，但冯萌萌的解题思路已了然于胸，相当于多了一次准备。最后这个项目的平均分只有50分，而冯萌萌考了93分。

在比赛的时候，冯萌萌有一项打卡子发挥得不是特别好，这让她十分失落，在前面的比赛中，她一路过关斩将，理论考试、分析题，包括仿真模拟都考得特别好，好到让她认为可以冲击金牌了。但在打卡子验漏的时候，卡子和管线中间的缝隙突然出现一个"金鱼泡泡"，冯萌萌被扣了20分。冯萌萌一开始并不认可扣分，裁判向她解释："你看见这个泡了吗？有泡就漏。"冯萌萌只好承认这一项没干好，如果当时再紧一下也不至于被扣掉20分，比赛的时候差之毫厘，谬以千里。差0.2分都能差出来金银铜牌，冯萌萌这一项差了20分，这一项的分值比例占10%，总分会和别人拉开2分的差距。当时冯萌萌就感觉完了，这些个日日夜夜的努力都白费了，肯定拿不到金牌，甚至都拿不到奖牌了。她特别失落，当天晚上哭得稀里哗啦的。教练问其缘由，冯萌萌说怕拿不到奖牌了，教练听完对她说必须打起精神来，冯萌萌以为教练要安慰她，没想到教练对她说："你明天还有一项呢，明天这项再发挥不好，会影响咱们整个团体的成绩啊。"冯萌萌想了想，不能因为自己一个人拖大家的后腿，她打起精神，总结经验，把今天流程上的注意事项、胶皮上的注意事项、现场的注意事项都告诉了明天要进行这个项目的队友。

教练也比较了解冯萌萌，知道事已至此安慰也没有什么用，但她是一个有大局意识的人，所以他拿大局意识说事，让她尽快调整状态。冯萌萌专心致志地训练最后的项目，到了第二天，她发挥得特别好。等到全部比赛结束，教练又找到冯萌萌，告诉她团队的成绩会汇总在一起，如果分数理想的话，她会得一个最佳团体奖。

虽然比完赛轻松了，但冯萌萌觉得自己的成绩肯定不好，又痛哭了一场。结果出来后，冯萌萌获得了银牌，和金牌只差了零点几分，感觉特别遗憾。

参加集输工技能大赛后，冯萌萌凭借获得的奖牌晋升为技师，但是她总觉得想要符合生产现场的一体化要求，自己还需要学习很多知识。于是她努力学习，不断提升技能，于2014年考取了采油技师，2017年通过量化考核，评聘为大港油田公司的首席技师。

6年的拼搏，使冯萌萌成为大港油田第一例两次转换用工身份的石油女工，使她养成并保持了学、思、悟、践的好习惯，也培养了精益求精的处事态度。

冯萌萌想，是时候了，她拿出了自己9年前未递交的入党申请书，看着申请书上青涩的话语、稚嫩的认识程度，她明白了母亲当时的用意。但现在的她已经从临时工成为首席技师。她无愧于自己的工作，无悔于自己的梦想。冯萌萌用这张成绩单向组织交出了自己的答卷，她绝对不会辜负组织的信任！

2016年，冯萌萌成了一名光荣的共产党员。

在成为党员这件事上，母亲一直以冯萌萌为荣。2018年母亲临终前送给冯萌萌最后一件礼物，是一本书——《党员就该这样干》，它就是母亲对冯萌萌的鞭策。每当拿起这本书时，冯萌萌的眼睛里总是闪耀着光芒，这不仅仅是一位母亲对孩子的期盼，更是一名老党员对新党员的嘱托。

扫码解锁

◉群英颂歌◉巾帼风采
◉匠心传承◉奋斗底色

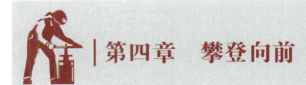

第四章　攀登向前

◎群英颂歌◎巾帼风采
◎匠心传承◎奋斗底色

若存所思，此志不懈

鸡蛋从外打破是食物，从内打破是生命。冯萌萌深知要想成为一名合格的工人，必须具备扎实的理论基础、准确的故障分析判断能力及较高的操作水平，要有刻苦钻研、勤学好问的工作习惯和踏实肯干的工作作风，关键时刻必须能顶得上。对待在工作中遇到的一些实际问题，冯萌萌凭着一股子冲劲儿干劲儿，始终坚守在生产的最前线，也正因如此，她的技能水平和管理水平才能不断提升。

成为首席技师后，冯萌萌管理的器械更多了，她开始尝试学习使用新设备。在吊车作业时，她总是追着技术人员询问井口的载荷情况，试图理解为什么有时需要25吨的吊车，而有时只需16吨的吊车。等回到电脑前，她又仔细分析每口井的数据，试图找出载荷和有效冲程之间的联系。

在一天的工作结束后，冯萌萌也并未停下探索的脚步。回到家后，她会继续深入研究专业书籍，将那些困扰自己的知识点一一记录下来。冯萌萌的父母也会激励女儿，在自己能力范围内尽心为她解答。遇到实在不理解的，冯萌萌会在第二天虚心向专业人士请教，不遗漏任何可以学习的机会。可是冯萌萌觉得这些还不够"解渴"，她又想起了小时候的梦想，"要考教石油知识的大学"。于是，冯萌萌又报考了中国石油大学石油工程本科专业，不断积累理论知识。

在这个过程中，冯萌萌遇到了新的挑战——时间不够。她的工作日程繁忙，需要解决各种现场问题、巡井等。下班后，冯萌萌还要照顾老人和孩子，这使她几乎没有学习时间。但她深知，如果不学习就无法进步。

于是，冯萌萌决定充分利用晚上的时间。她把晚上的时间分成三份，先是哄完孩子之后定好闹钟，小憩一会儿，晚上1点起来洗把脸恢复精神，学习到3点，然后睡觉。

她在心里告诉自己："我已经睡了一整个晚上。"以此给自己打气。就这样，冯萌萌一点一点地挤出时间来学习。虽然这个过程艰辛，但每当她掌握一个新的知识点时，内心的喜悦

⊙ 2017年2月，冯萌萌（左）在保养抽油机钢丝绳

和成就感就足以驱散所有的疲惫。

　　通过自己不断摸索和学习，冯萌萌管理设备和管理人的能力都提高了，她不仅能孜孜不倦地学习，还可以当别人的老师了。能力提高之后，她从刚开始的时候问别人，慢慢地变成了别人都来问她。冯萌萌利用从书本中汲取的大量知识，从容地应用在生产当中。她带领全站员工一起做好在用、备用设备设施的维护保养工作，油、水井动态分析工作，合理安排、分工协作进行现场管理工作。好学上进、勤奋努力的冯萌萌，虽然年轻却对小站管理工作有着深刻的理解，通过不断在实践中摸索，增加自己对设备的操作、管理经验。

工作小组携手共进

　　大港油田的冬天寂静又寒冷，空旷油田上的红色抽油机顶盖被厚厚的白雪覆盖，使得游梁往复抽油的动作仿佛也被压得慢了几分。冯萌萌和组长一如既往地给注水泵更换油封，虽然戴着手套穿着厚厚的冬衣，但是寒气丝丝缕缕地透进来。换完油封后，组长去启泵，留下冯萌萌做收尾卫生。多年的工作已让冯萌萌习惯了这个强度，但手部刺痛还是让她领教了寒冬的威力。

当冯萌萌把工作用具放下再抬头时，一团雾气模糊了她的视线，她仔细一看，组长正端着一盆热水站在库房门前。

"快来，趁热洗洗手，暖和暖和。"

简短的一句话让冯萌萌从手上一直暖到心里。

这么多年来，冯萌萌为班组的付出大家都看在眼里，记在心里，干活脏了有细心的同事帮忙擦工作服，累了有体贴的同事给削苹果。

在这个团结友爱的大家庭里，在大家的共同努力下，作业二区注采二组先后获得天津市青年文明号、大港油田公司工人先锋号、采油厂明星班组等荣誉。冯萌萌知道自己从不是什么孤身英雄，无论达到什么样的地位，成就了什么样的事业，都离不开伙伴、朋友的支持。

在同事的眼里，冯萌萌是个女汉子，但冯萌萌自己认为，不是"汉"，而是"汗"——"汗水"的"汗"，从一个女孩

⊙ 2016年6月，冯萌萌（右一）作为组长提问职工应知应会知识

子转变为女"汗"子需要大汗淋漓、畅快的拼搏和无怨无悔、认真的付出，再加上两身被出汗后的盐渍染得花白的红色工作服。

在小组成员们的眼中，冯萌萌性格爽朗，做事利落。一位组员记得，那是她刚到小组不久的一个下午，小组负责的扣49-2井皮带断了，接到信息后，她还没起身，冯萌萌就已经穿好劳保衣，向外走去。

冯萌萌带着组员骑着电动三轮车奔赴现场。路上这个组员问冯萌萌还要不要再喊个男同事——干活时候更方便，冯萌萌头也没回说："没必要。"

到了现场，验电、停抽、打刹车、拉死刹，整套动作行云流水，组员问冯萌萌自己需要做什么，冯萌萌说："我一个人就能修，你到抽油机电机皮带轮那里给我搭把手就行。"组员看着冯萌萌几下就换好了整个皮带，整个过程只用了20分钟。回组后，组员夸赞冯萌萌干活利索，冯萌萌听后笑了笑，把手掌摊开伸到她的面前，告诉她："这都是练出来的。"组员十分惊讶，冯萌萌的双手满是薄茧，她不禁心中感叹：这哪是女孩子的手啊！因而对冯萌萌更敬佩了。

徒弟们眼中的冯萌萌更是一个敢作敢为的"女汉子"，性格豪爽、果断豪迈，敢于迎接挑战，在工作中兢兢业业、认真严谨。说起印象最深的事情，就是在训练"带压打卡子"项目中，徒弟已经练习了很多次，始终找不到该项目的技巧，不能在规定时间内堵住泄漏点。徒弟萌生了放弃的念头，冯萌萌看出了徒弟的困扰，走到旁边，并没有责备他。冯萌萌想起了自己当年，也是在这个项目上存在困扰。冯萌萌学着自己师傅的样子，手把手教自己的徒弟如何梳理操作步骤，分析泄漏点形状以及极限尺寸的位置。不仅如此，冯萌萌还跟徒弟分享了她当年在比赛项目中总结的绝招"1缓紧固、2紧平、34螺杆要平齐，最后重复再紧固"。徒弟接受指点后，很快便掌握技术要点，这些口诀也跟着徒弟们传了下去。

在生活中，冯萌萌更是受到徒弟们的敬佩。虽然她每天的工作很繁忙，但是休息时间她会走进大自然，在朋友圈分享美食、美景、抒情打油诗。有时候冯萌萌还会弹一会儿古琴，这是她工作以后自学的，是她除工作外为数不多的爱好。伴着悠扬的音乐，她精力充沛地过好每一天。

冯萌萌是工作室的主心骨。在难题攻关和创新项目开发的过程中，工作室的同伴时常会遇到瓶颈，由于长时间讨论以及没有思路，时常有情绪波动的情况。冯萌萌会首先安抚同伴的情绪，听团队里每一个人的想法，结合自己的想法和思路去寻求答案。同伴看到冯萌萌坚定的眼神，就有了解决问题的信心，因为她眼中永远散发着光芒，让大家为之鼓舞，充满力量。

冯萌萌在多年的工作中见证了一拨又一拨新人的成长，看着二厂这个大家庭越来越热闹，她也为年轻人送上自己的寄语："不管是工作也好，生活也好，一定要有自己的目标。目标之上一定要有一个梦想，我特别希望每个年轻人都能够怀揣着一份对未来的期待前进。心中有梦想，脚下有力量！"

劳模创新工作室

2015年，当时采油厂为发挥技能人才作用，为作业一区、作业二区、作业三区分别建立了技师工作室。工作室由各个工种的技师、高级技师组成，冯萌萌当时是作业二区技师工作室负责人。2018年，在大港油田公司的支持下，原工作室进行了升级改造，升级后改名为冯萌萌劳模创新工作室。2019年，该工作室被评为天津市十大示范劳模和工匠人才创新工作室。2021年，冯萌萌当选执委后，成立了天津市妇联执委工作室，进一步在引领女职工挖掘潜力方面发挥作用。

成立该创新工作室的目的主要有三个方面：一是解决现场生产难题，实现创新创效；二是挖掘油井潜力，提高油田产量；三是导师带徒，做好青年骨干的素质提升，发挥技能引领作用。

⊙ 图为冯萌萌学习业务知识

创新工作室的所有专家技师都是采油厂的兼职教师，他们不仅在自己岗位上开展工作，还兼职授课，将好的思路、方法等传授给一线职工。

由于当时是第一次组建工作室，没有任何经验，冯萌萌一点一点琢磨，从制度的制定到人员分工，从室内布置到展台制作，从工作宗旨到课题申报，经过了三年的努力，一开始的小团队发展成了规范的工作室，各项工作步入了正轨。

工作室把规章制度建设作为提升管理水平的重要抓手，细化完善并最终形成了全新的"516"工作模式。冯萌萌建立并完善了工作室管理制度等5项制度，优化了1套创新工作流程，明确了工作室安全管理、现场服务、攻关研讨、技术交流、技能创新、成果发布等6项工作任务，"516"工作模式的形成为工作室更好地开展工作奠定了坚实的基础。

在生产现场，冯萌萌遇到了这样的问题——抽油机光杆起到连接抽油杆和抽油机的重要作用，由于长期在野外环境下，受到重量和上下往复运动的影响，会出现断脱的问题。虽然概率低，但是一旦断脱落入井内，就会造成井口的油气溢出。针对该问题，冯萌萌带领同事一起研究现场的采油树结构和载荷重量，研制了一种采油树压盖，能够在光杆断脱后第一时间进行井口流道的封闭，消除油气溢出的风险，有效保护井场环境。

这项研究成果得到厂里的认可，冯萌萌也成为老师，开始给后辈同事们培训了。工人上课与学生不同，除非参加比赛训练，否则课都要安排在工人的空闲时间，没有固定排课一说。可工人的工作时间不一样，要么是冯萌萌这位老师有事，要么是"学生"在工作现场，好不容易非开时间，天公又不作美了。

有一次，冯萌萌在作业区培训动态分析，当时定的上课时间是14点到16点30，但是那几天一直下雨，天气恶劣，整个厂区水泥地积水，土路泥泞不堪。到了14点，很多职工都不能按时赶来上课，教室里面只孤零零坐着两个人。

作业区经理问冯萌萌："这课还上不上？"冯萌萌不假思索地回答："两个人也要上，他们千辛万苦赶来，不能让他们空着手回去。"

第一次讲课，冯萌萌十分紧张，生怕自己讲得不够好、不够细致。一节课结束，冯萌萌试探性地问："我说得明白吗？你们还有哪里不懂？"

⊙ 2019年，冯萌萌（第一排）和工作室成员在现场度过国庆节

两个人肯定地点头，他们以前从未想到，书本上那么生硬的知识竟然能被这么生动、形象地讲出来。两人还根据冯萌萌给的例子举一反三，向冯萌萌求证这样可不可行，那样对不对。

冯萌萌第一次上课圆满成功，她说："这就是我想要教给你们的。"

冯萌萌想让每一名职工都掌握知识，没有时间，可以挤一挤。冯萌萌和作业区经理商量可以在下周再加一期，给不能及时来的同事授课，如果还有更多的人想听，可以接着加。

随着时间的推移，采油厂每年退休的职工越来越多，工学矛盾越来越突出，新入职的员工培训时间比冯萌萌那时候少了一大半，很多职工还没熟悉原理就入了职。新员工只能看着老员工做，老员工的活一件叠着一件越来越多，有时候实在是分身乏术。怎么解决这个问题呢？在培训学校的支持下，冯萌萌提出了送教到一线的措施，把课程化整为零，到每一个班站，每一口单井去讲课，只需要一张桌子、几把椅子就可以开课。不用出站就能接受经验丰富的师傅培训，这样的授课方式在职工中大受欢迎，但对冯萌萌来说，付出的精力大大增加了，原本可以3天讲完的课程，最后讲了整整15遍，用了大半个月时间。那段时间冯萌萌嗓子都哑了，不敢大声说话，水杯里每天都泡着胖大海。

虽然辛苦，但培训学校反映培训的效果特别好，这给冯萌萌极大的鼓舞。后来她又挤出很多时间——午休时、下班后，给职工做培训。做了许多次培训后，冯萌萌从三四十人的大班，讲到一对一的小班。看着大家眼中对知识的渴望，冯萌萌觉得那是二厂能代代相传、经久不衰的薪火。

长期以来，采油厂机泵外委维修费用居高不下。2019年初，在采油厂专业部门的大力支持下，工作室成立技师维修小组，由大港油田公司技能专家董明年和冯萌萌负责，二人带领三名成员主动担起注水泵自修任务，采油厂实现了注水泵从运行状态监测、判断、预警到自主维修的延伸，采油厂自主维修注水泵25台次，节约外委维修资金57万元。冯萌萌等三人也被聘为天津市设备管理协会设备工程专家。

被聘为天津市设备管理协会设备工程专家后，冯萌萌主要负责两方面的工作。一方面是跟设备相关的工作，分为设备状态监测以及设备故障诊断。设备状态监测是常态化的工作，是

⊙ 冯萌萌学习技能知识

预防性的工作。每个月对采油厂所有的设备进行一次状态监测，提前诊断哪些设备会出现问题，哪个地方存在故障，哪个地方该及时保养，它的振幅有没有超标，电流是不是在标准的运行区间内。设备故障诊断方面，冯萌萌工作室成立了一个设备维修小组，负责诊断设备的故障，比如作业区有修不了的设备，职工就会来请教冯萌萌，冯萌萌会安排专家到现场去诊断。故障需要冯萌萌自己修还是找外委维修，要根据实际情况来定，现在，80%以上的问题都是冯萌萌自己解决，除非现场不具备条件才会让外委厂家来，指导基层单位进行维修。冯萌萌还是会像以前一样配合专家们一起维修。另一方面是组织技术交流，以工作室的名义或者以大港油田技师协会第二分会的名义组织专业的技术交流，主要交流一些设备方面的故障和处理方法、好的经验，大家互相学习，互相提高。

在管理上，工作室坚持推行"大工作室"理念，在采油厂30余名高技能人才中，本着双向选择的原则，优选18名专家技师加入工作室，按照采油、注水、集输、电力等4个大工种，打造4个专业技术团队。

目前，工作室有中国石油集团公司级技能专家2人，油田公司技能专家4人，首席技师2人，其他成员均为石油战线上经验丰富的技师和高级技师，且全部是共产党员，工作室也成了党员创新阵地。

事业需勤，志向为重。工作室唯有多开展工作，发挥技能人才作用，方能回报企业的培养。冯萌萌的工作室每月会下发生产征集表，按照工作室成员的技术特长分配任务。截至2019年年底，工作室开展难题攻关125项，取得创新成果85项。

针对抽油机更换毛辫子停井时间长的问题，冯萌萌设计制作了分体式毛辫子更换工具，主要由地面控制，驴头部分辅助配合，两人独立操作即可完成毛辫子的更换工作，实现了处理问题不等不靠，随时发现随时更换，有效提升油井生产时率。

冯萌萌带领团队针对抽油机组装的基础定位问题进行攻关，改进传统组抽方式，缩短抽油机组装时间，将一次定位准确率提高到99%。该项措施被评为大港油田公司"金点子"合理化建议。

单流阀是注水流程的重要组成部分，起着防止高压水倒灌的重要作用，在使用中容易出现阀芯闭合不严的状况。注水动力组针对该情况进行攻关，改进了阀芯结构，创新设计了导向花盘，在歧二站、歧新十六站、庄一联等注水泵流程上安装后，年节约资金66万元。

集输攻坚组在现场切换设备时发现，接转站外输泵的进出口阀门为8寸以上的大阀门，在瞬时流量40m³/h下开关阀门极其费力，需要2人配合才能完成操作。针对此问题，冯萌萌设计制作了阀门省力启闭工具，将操作人数从2人减少到1人，操作时间从10分钟缩短为6分钟，操作工具从2把24管钳简化为1把套筒扳手，真正实现了降低劳动强度，提高工作效率。

电力行动组为了解决沿海地区控制柜易腐蚀的问题，联合生产厂家对控制柜柜体材质进行更新，同时喷涂防腐涂料，使控制柜使用寿命延长了3倍以上。

目前，冯萌萌的创新成果已经申请国家专利60项，其中发明专利3项。工作室承担的"降低注水泵机油消耗量""缩短抽油机井更换光杆密封圈操作时间""解决抽油机减速箱清洁难题"等攻关课题，曾先后获天津市创新方法大赛一、二、三等奖等荣誉15项，累计创效1600多万元。

冯萌萌劳模创新工作室推荐优秀的骨干参加采油厂技能人才个人赛、班组长PK赛。截至2021年年底，工作室培养出班组长13人，采油、注水、集输等工种的高级工170人，其中有65人取得了双工种技能等级证书，采油厂持双证人员比例从11%提高到45%。

工作室充分发挥业务骨干"传、帮、带"作用，为导师带徒搭建平台，有效促进员工岗位技能提升，先后签订了师徒协议37份，74名技能员工喜结师徒。通过参加大赛，徒弟冯亮和王峥嵘双双取得了采油大工种和集输大工种金牌，冯萌萌本人也被评为中国石油集团公司金牌教练。2019年年末，油田公司评选优秀师徒，工作室三对师徒榜上有名。冯萌萌有幸两次上榜，她既是师傅的好徒弟，也是徒弟的严师。2022年，冯萌萌和师傅更是被评为大港油田公司名师高徒活动特等奖。

在徒弟宋嘉羿拜师的时候，冯萌萌送给他两件礼物：一件是一把多功能扳手，冯萌萌希望他能像这把扳手一样，成为解决生产现场难题的利器；另一件礼物是创新方法的"金钥匙"，冯萌萌希望他能增强创新意识，用新思维去不断成长进步。

宋嘉羿参加了2020年全国油气开发行业技能大赛，比赛期间压力非常大，冯萌萌就用自己的大赛经历来鼓励他，在精神上关心他，知道他封闭期间压力很大，就会买一些能增加多巴胺的巧克力给他。看到师傅如此关心自己，宋嘉羿受到了莫大的鼓舞，苦累情绪消减不少。

2022年宋嘉羿结婚，邀请冯萌萌做主婚人。回望一对新人的相识、相知、相恋，冯萌萌感动得热泪盈眶，作为师傅送上了最真诚的祝福，还送上了一颗珍藏已久的金珠作为礼物，希望他们能白头到老，幸福一生。

冯萌萌说："作为一个普通人，也许一辈子都没有机会爬到珠峰峰顶，但心中一定要有一座高山，有一个目标，指引着我们不断向上、不断前行。"

如今，冯萌萌最大的梦想是成为一名大国工匠，带领身边的青年一起学习、进步，用实际行动践行自己为祖国献石油的初心。

让采油机学会说话

一滴水只有放进大海里才永远不会干涸；一个人可以跑得更快，但一群人才能走得更远。工作中的冯萌萌始终付出全力，立志做一名爱岗敬业、担当奉献的奋斗者，努力回报企业与国家。

经过多年日日夜夜的巡查坚守，冯萌萌练就了一番"好功力"。她说注水泵里的水有自己的流动节奏，只要站在注水泵旁边，贴在上面用耳朵一听，就能听出来到底哪个阀座是好的，哪个阀门出现了故障，准对！

冯萌萌负责大港油田作业二区注采二组的班组管理以及作业区员工培训、创新工作室管理运行工作，她像对待自己的孩子一样细心照顾着每一口油水井、每一台设备，从刷漆、拔草到憋压、测电流、润滑保养，她从不落下。

在冯萌萌的字典里"努力"是一个动词，油田最怕雨雪天气，白雪夹杂着雨水使本就松软的路面变得泥泞不堪。这样的天气是没法骑交通工具巡井的。为了早点到达油井，冯萌萌只能使用老办法，靠双腿翻过一个个壕沟，有时一个不小心踩进冰窟窿里，带着冰碴的冷水就会瞬间灌入鞋里，冬天外出作业的鞋是厚棉劳保工鞋，拖得脚步本就沉重，浸水后一斤重的鞋变得有十斤重，让人迈不开腿。冯萌萌不愿停下，裤管里的泥冰冷又刺骨，但壕沟拉住冯萌萌脚步的"计划"一次都未成功过。在白茫茫一片的雪地中，那一抹红色格外瞩目，虽然移动得很慢，但她正一步步接近那些伫立的钢铁巨人。

掉下来了，就再爬上去，一刻不停，这是冯萌萌的信念。

落实完油井压力抱着回压管线时冯萌萌才得空歇脚，在采油树下的井口取暖时，冯萌萌望着窗外高大的抽油机想："如果每口井自己会说话就好了，让它学会发消息，报出自己的压力是多少，电流是多少。"

多年来的一线工作经验，让冯萌萌对采油工尤其是采油女工的艰辛有着深刻的体会。

尽管冯萌萌如此努力，一个摆在石油工人眼前的问题也愈发凸显出来。每年都有10到20个作业区的员工退休，这些年冯萌萌和工友们管理的井越来越多，设备越来越多，厂里每年进来的新员工却一年比一年少，这么多的活儿由谁来干？

2008年的时候，冯萌萌看着越来越多的老工人退休就有了这个想法，她希望利用自己学过的计算机自动化的技术帮助油田解决实际问题。从油三回来后，冯萌萌和同事们闲聊时提出了自己的设想："咱们能不能想个办法，让油井变得聪明点，把油井数据像发短信一样发到手机上？"

"想什么呢，要是真有这条件，油井、抽油机、输送管都能自己发数据，那还要咱们干什么。"

当时同事们只当是这个小丫头异想天开，说她想得美，同事们都认为就算真能做到，那也是国外，或者大庆油田能做到的事情。

这番言论并没有打击冯萌萌的信心，反而让她更坚定了自己的决心。

从2008年开始冯萌萌就查阅大量的文献，为了更方便搜集信息还买了一台电脑。几年的闲暇时间中，冯萌萌一点一点研究这个方案的可行性，研究遇到问题的时候，就询问在长庆油田的朋友。这一问，让冯萌萌有了重大收获，原来已经有油田在做数字化油田的尝试，她的想法是可行的！在借鉴其他油田的先进做法后，2013年，对技术已然纯熟的冯萌萌字字斟酌，向采油厂递交了一份500字的关于引进数字化技术提升劳动生产率的合理化建议。

采油队的指导员仔细阅读这条建议后特别重视，立刻就提交给了采油厂，采油厂党群部门专门组织了专业技术部门与冯萌萌开了一个研讨会，商讨这个方案的可行性。

正好那个时候，采油厂的人员指数也下降得厉害，招来的年轻人越来越少，采油厂正在摸索提高管理的路径，这与冯萌萌所提的建议不谋而合。

采油工的工作都是在荒郊野外，要和十几米高的抽油机、地面50厘米以下交错复杂的管道网络以及恶劣的野外环境打交道，更换井口阀门、更换抽油机电机、调整抽油机曲柄平衡等项目，都需要极大的体力支撑。举例来说，更换井口回压阀门，需要松开并拆卸掉16颗24号的法兰螺栓，利用撬杠撬动法兰间隙释放压力，然后换下重达十几公斤的阀门，用镰刀清理法兰面，再更换新的阀门，在狭小的法兰间隙中加入石棉垫

⊙ 2018年4月，冯盽萌获得全国五一劳动奖章

片，整个操作费时费力，通常需要一个小时左右。且受阀门所处位置限制，经常需要趴在地上操作，非常不易。

因此，冯萌萌的建议主要针对油井、水井、班站、联合站等大型油气生产传输现场进行改造。

冯萌萌的方案被采油厂高度重视，于是在油田公司的大力支持下，她开始进行无人值守先导实验。两年的时间，进行了数百次的设备调试和现场实验，一遍遍摸索和尝试后，实现了采、注、输工艺从分段式到一体化的整合，形成了油水井信息自动传输。井站无人值守、生产数据采集、生产状态实时监控等一系列高科技数字化信息技术在大港油田得到逐步应用，传统的油田管理模式发生了颠覆性转变。大港油田的地面数字化油田建设也以冯萌萌所管理的油田命名，被称为"王徐庄模式"。随着该模式的应用推广，大港油田第二采油厂在用工总量减少12%的同时，人均油气产量提升了49%，劳动生产率提升了41%。

针对地面数字化油田建设，冯萌萌归纳总结出"管井新三字经""生产曲线预判法"等先进的创新成果并服务于生产，真正实现了数字化运筹帷幄。

"管井新三字经"是帮助基层员工更好地了解数字化油田的小锦囊。刚刚开始建立地面数字化油田的时候，职工不会看工图，不会分析曲线，不会处理信息传输故障，因此冯萌萌针对这个情况，编制了脍炙人口的"三字经"，将重点操作用简明的语言表达出来，让员工记得住，学得会。

节省了人力资源，现场管理者们更要提高效率。现在冯萌萌所在的班站是作业二区注采二组，管理着61口油井、水井和外输泵、注水泵等7台机泵设备。

作为生产一线的班组长，冯萌萌深知修井费和设备修理费是两个大支出，因此这是提质的第一个落脚点。冯萌萌主动收集站内设备故障和修井作业原因，绘制出思维导图，按照导图上的11个末端因子，一条条制订对策。

油井的管理目标就是延长检泵周期，避免油井成为低效井、负效井。注采二组共管理油井37口，水井25口，冯萌萌像一名全科医生一样，认真梳理每一口井的护理措施，细心地按照季节特点进行分类汇总。例如，对于含蜡高的油井歧642-4，冯萌萌制订了"疏通型"护理措施，定期进行热洗等清防蜡制度，使油井载荷控制在±5%范围内。

通过开展憋压、热洗、碰泵、控套等措施，将二组平均检泵周期由712.5天延长到1128天，节省修井费用16万元。在注水泵等机泵的维修方面，冯萌萌班站也是秉承尽量自己动手，绝对不多花一分钱的节约理念。更换盘根时，冯萌萌将每一根盘根都充分经过机油的浸泡，使其充分润滑，延长其使用时间，根据运转情况，冯萌萌制订了"520"调整法，以5天为一个周期，适当松、紧盘根，使其张弛有度，漏失量始终保持在20滴/min以内，歧新十六站注水泵的盘根寿命，创造了采油厂的纪录——213天。

2021年腊月廿九这天，天气特别冷，冯萌萌接到主管生产的副厂长打来的电话，作业三区的注水泵起不来，压力达不到设定值，需要她到现场解决故障。接到任务的冯萌萌联系了集输专家和作业三区的技师，一起前往处理。一个小时后达到现场，他们拆卸了液力端的阀座、阀片、弹簧，却没有发现故障点，怎么办呢？冯萌萌凭借以往的经验坚定地认为，故障就是在液力端，于是他们更加仔细地拆卸泵头，用手去摸内部通道，终于在阀座内部的孔道中发现了一块小石头。这个阀座是高压端的第五柱塞出口位置，阀片不能及时启闭造成了故障，冯萌萌及时更换了故障阀座后，又立即倒推进口过滤器是否损坏，随即清理了过滤器，发现内部滤网破了一个洞，于是立即更换滤网，顺利启泵。

如今，冯萌萌工作室的工人们都能够自主维修注水泵阀座、弹簧座、填料盒总成等液力端部件，还能处理油封、油封总成、挺杆等部分动力端故障，年节省设备修理费达15万元。通过改造注水泵油封总成、骨架油封并制作专门的油封扳手，年节约注水泵机油2415kg，该成果获得了中国石油质量管理小组二等奖。

冯萌萌的身边人

冯萌萌跟爱人是2005年在塘沽上班的时候认识的，属于自由恋爱。2006年结婚，2007年冯萌萌辞掉天津的工作回家照顾父母。当时冯萌萌的爱人对她辞职照顾老人有一些顾虑。因为薪酬比较低，临时工一个月只有几百块钱。冯萌萌的爱人在另一个边远矿区，家里真要发生什么事情都没法及时赶回来。一时间冯萌萌找不到别的工作，又不能两个人没有经济来源地回去照顾老人，那不成了啃老吗？冯萌萌和爱人想了想决定走一步看一步。

回家的第一年，冯萌萌夫妇的生活可以说是捉襟见肘。两个人每个月只挣几百块钱，为了贴补家用，二人就在二厂附近开了一家特别小的小卖部，守着学校旁边卖小文具、零食或者充话费，一个月能赚1000多块钱，虽然微薄，但能做到不向老人要钱，自给自足了。

冯萌萌的丈夫一边当临时工一边找合适的工作。一天冯萌萌正好看到了招聘信息，想到丈夫开车特别好、特别稳，就让他去应聘当了司机。这样丈夫白天去当司机，冯萌萌上一休二，生活慢慢好起来，两个人开始一点点构建自己的幸福小家。

用冯萌萌的话说，她的丈夫人很好，顾家又体贴，就是有时候脾气有点倔。二人在回大港生活的初期，因为冯萌萌的工作，没少争执。

虽然丈夫十分支持冯萌萌的工作，但在他的印象里，工作在油田一线的女同志相对来说少一些，大部分是男同志。听着妻子讲自己拆泵、抢大钳、拿着比自己手臂长的大扳手爬抽油机，作为丈夫他实在是心疼。更何况冯萌萌每天风吹日晒，受着酷暑严寒，有些时候甚至带伤回家，看着手臂上的乌青和划痕，他总是担心她出什么意外。

丈夫想让她换岗，但都被冯萌萌挡了回去。冯萌萌用父母的例子开导丈夫，既然回到油田，就要做好思想准备。不管是男同志还是女同志，在岗位上都是一样的工人。总要有人去啃硬骨头，况且她这么年轻，历练历练也是好事。经过冯萌萌的开导，丈夫认识到了这份工作的重要性，不仅不再劝阻，还将妻子当成榜样。后来，滨海新能源有限公司招工，冯萌萌的丈夫去应聘，并且成功入职，做了一名加液工。他也是从基层干起的，在塘沽、蓟州区、静海等所有的站都实习了一遍，熟悉了大量的设备和工艺流程。受冯萌萌的影响，二人每晚一起学习。2013年，冯萌萌参加集团公司级的技能大赛时，丈夫正好也参加公司首次举办的充装工技能比赛，二人互相打气，最终都获得了奖牌，他也从一个临时工变成了市场化用工。

2011年5月20日，冯萌萌的儿子出生了，本来预产期是5月

31日。冯萌萌的身体一直健壮，打算临近生产时再休息，结果，19日冯萌萌在午休的时候发现羊水破了，被同事第一时间送往医院，20日冯萌萌的小家迎来了新生命。

儿子刚出生的那两年是夫妻二人最忙的时候。记得有一次，孩子得了感冒，但夫妻二人平时忙里忙外没注意，孩子发烧到40℃。冯萌萌对此自责不已，当晚夫妻二人开车带孩子去了市区里的儿童医院。

看完病从医院回来，已经是凌晨四点了，他们路过一个加油站，看见已经有四五辆车在排长队了。冯萌萌的丈夫一看就觉得不对劲，一般大规模加油站是不应该有排队现象的，凭着经验，他想肯定是设备出问题了。这个时间叫维修也要等到七点以后，冯萌萌丈夫决定先把老婆孩子送回家，然后回来看看情况。冯萌萌让丈夫放心去，自己开车带孩子回家，这种情况她最了解，耽误一分，就会损失十分。

冯萌萌的丈夫晚上九点多才回家。加油站出了大故障，他一个人没办法修，便等到专业维修工来，跟着他们一起，在旁边帮忙，一直到修完。直到加油站正常工作，他才放心回家。故障解决了，虽然疲倦但却安心。

　　冯萌萌说在油田工作，这种奉献精神真的是每个油田人都有的。他们接受的教育，是要对得起这片养育自己的土地。

　　冯萌萌跟丈夫的工作都很忙，对儿子疏于陪伴，但儿子很懂事，学习一直名列前茅。在儿子眼中，妈妈做事特别认真，有时他夜里起来还能看见妈妈在专注地写材料；同时妈妈也是一个遵守承诺的人，她周末休息的时候不多，偶尔休息，一定会陪他踢足球、出去玩，她宁愿熬夜写材料，也要兑现承诺。

　　冯萌萌对儿子并不严厉，她和儿子更像是朋友关系，儿子有什么事情都会跟她商量着来，报兴趣班、出游，冯萌萌把这些任务都交给儿子，让他自己负责，培养他的独立性。

走在前进的路上

　　在得知要前往人民大会堂接受表彰时，冯萌萌感到无比荣耀和激动。人民大会堂不仅是召开全国人民代表大会和全国人民代表大会常务委员会的场所，也是党、国家和各族人民举行政治活动的重要场所。在每一名中国人心中都是非常庄严神圣的。

2018年4月27日，冯萌萌向工友们嘱托完工作后，和天津市获奖代表一起从天津西站乘高铁去往北京。冯萌萌所在的矿区位于黄骅市，属于偏远矿区，她就是从这样的一片盐碱滩，从一个小小矿区的一线工人走到了人民大会堂。到达北京，入住职工之家后，冯萌萌和其他天津代表详细了解了参会要求和注意事项。晚上吃饭时，冯萌萌发现身边的劳模都是只有在电视上才能看到的，像航空航天方面的大国工匠、铁路部门的技师，还有高校的老师，都是各行各业的佼佼者。冯萌萌觉得自己的工作虽然平凡，但能够参加此次会议，代表了国家对一线工人的重视，自己的奖章有了特别的意义。

4月28日，庆祝五一国际劳动节暨"当好主人翁、建功新时代"劳动和技能竞赛推进大会在北京人民大会堂举行。会议宣布了《中华全国总工会关于表彰2018年全国五一劳动奖和全国工人先锋号的决定》。

能够获得这么重要的荣誉，更加坚定了冯萌萌的决心，要向先进代表们学习，用最先进的操作方法、最高效的油井水井现场管理、最前沿的创新理论，更好地为企业发展、国家进步作出贡献。

2023年，冯萌萌成为中国工会第十八次全国代表大会代表，她的责任更重大了，对于未来更是充满了期盼。

冯萌萌的成长离不开敢拼、敢做与从不给自己设限的勇气，人生因磨砺而出彩，因奋斗而升华。

如果你要问她，下一步向哪里走？

她的回答是："始终向前走！"